中国证券监督管理委员会年报

中国证券监督管理委员会　　编著

2020

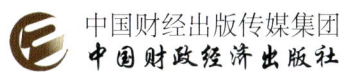

图书在版编目（CIP）数据

中国证券监督管理委员会年报.2020/中国证券监督管理委员会编著.—北京：中国财政经济出版社，2021.5

ISBN 978-7-5223-0485-4

Ⅰ.①中⋯ Ⅱ.①中⋯ Ⅲ.①证券交易－金融监管－中国－2020－年报 Ⅳ.①F832.51-54

中国版本图书馆CIP数据核字（2021）第063796号

责任编辑：胡 懿　　　　责任校对：胡永立

中国财政经济出版社 出版

URL：http://www.cfeph.cn

E-mail：cfeph@cfemg.cn

（版权所有　翻印必究）

社址：北京市海淀区阜成路甲28号　邮政编码：100142

营销中心电话：010-88191522

天猫网店：中国财政经济出版社旗舰店

网址：https://zgczjjcbs.tmall.com

北京时捷印刷有限公司印装　各地新华书店经销

成品尺寸：210mm×297mm　16开　8.5印张　215 000字

2021年5月第1版　2021年5月北京第1次印刷

定价：98.00元

ISBN 978-7-5223-0485-4

（图书出现印装问题，本社负责调换，电话：010-88190548）

本社质量投诉电话：010-88190744

打击盗版举报热线：010-88191661　QQ：2242791300

目录 | Contents

主席致辞

中国证监会简介

监管架构	7
管理层	8
组织架构	9
国际顾问委员会	10
人力资源	11

全面从严治党

狠抓思想和政治建设	15
深入开展纪检监察工作	16
加强党的组织建设	17

资本市场发展情况

多层次股权市场	21
交易所债券市场	27
期货与衍生品市场	30
基金市场	32
资本市场经营机构	33

服务实体经济

支持抗疫复产	37
助力科技创新	38
服务脱贫攻坚	40
支持绿色发展	41

市场监管与法治

强化日常监管	45
稽查执法和打非清整	48
防范化解金融风险	50
资本市场法治建设	51

保护投资者合法权益

完善投资者保护机制	55
健全投资者行权维权机制	55
提升投资者服务水平	55
加强投资者教育	56

对外开放

资本市场双向开放	59
国际交流与合作	61

附录

附录 1　2020 年证券期货市场监管大事记	65
附录 2　2020 年颁布的部门规章和规范性文件	68
附录 3　系统单位简介及联系方式	71

附表

附表 1　证券期货市场主要统计数据（2010—2020 年）	83
附表 2　证券公司一览表	84
附表 3　基金管理公司一览表	89
附表 4　期货公司一览表	94
附表 5　合格境外投资者一览表	100
附表 6　合格境外投资者托管行一览表	119
附表 7　境外证券类机构驻华代表处一览表	120
附表 8　境外交易所设立驻华代表处一览表	123
附表 9　双边监管合作谅解备忘录一览表	124

后记

130

主席致辞

2020年是极不平凡的一年，也是中国资本市场建立30周年。这一年，面对新冠肺炎疫情全球流行和复杂形势带来的严峻考验，中国证券监督管理委员会（以下简称证监会）坚持以习近平新时代中国特色社会主义思想为指导，认真贯彻党中央、国务院决策部署，坚持稳中求进工作总基调，贯彻新发展理念，坚决落实"六稳""六保"要求，坚持"建制度、不干预、零容忍"，统筹推进疫情防控、深化改革、防范风险和支持经济社会发展各项工作，资本市场总体保持了稳健发展势头。

主动担当，扎实做好"六稳""六保"工作。 疫情发生后，证监会按照国务院金融委"稳预期、扩总量、分类抓、重展期、创工具"的方针，迅速出台资本市场支持疫情防控和经济发展的一揽子政策措施并狠抓落实。坚持特殊时期做出特别安排，在开辟审核注册及登记备案"绿色通道"、股票质押展期和两融业务"柔性"处理、对受疫情影响公司延长业务办理时限和减免费用等方面明确支持措施，体现监管弹性和温度。科学合理保持IPO常态化。全年IPO融资4 670亿元，创近10年新高；再融资9 476亿元。交易所债券市场合计融资8.48万亿元，同比增长18%。主动服务国家重大区域发展战略，推动资本市场相关支持举措落地实施。坚决打好脱贫攻坚战，定点扶贫工作取得重要阶段性成果。

保持定力，全力实现正常开市和常态化运行。 面对异常复杂的内外部环境，坚持把促进市场平稳运行放在更加突出的位置，尊重市场规律，注重发挥市场内生机制作用。2020年春节后，A股市场坚定、理性、正常开市，释放出经济体系正常运转的积极信号。强化政策协同与预期引导，加强跨市场、跨境风险监测和防范，完善应对政策工具箱。统筹推进投资端和融资端改革，引导更多中长期资金入市。全年A股市场稳中有涨、韧性增强，市场活跃度明显上升，投资者结构出现积极变化。债券和期货市场保持总体平稳，原油等重要大宗商品期货市场成功抵御外部风险冲击。

稳中求进，坚定推进资本市场改革开放。 在2019年科创板改革重点突破和"深改12条"谋篇布局的基础上，持续深化资本市场改革开放，推动资本市场基础制度建设取得重大突破。创业板改革并试点注册制、新三板改革平稳落地。国务院发布进一步提高上市公司质量的意见，推动提高上市公司质量的合力加快形成。实施新一轮退市制度改革，常态化市场化退市趋势逐步显现。深化简政放权，以实施新《证券法》为契机，取消和调整14项行政许可，开展制度规则系统性清理，市场主体活力进一步释放。资本市场制度型开放稳妥推进，行业、市场、产品开放进一步扩大。

守牢底线，重点领域风险总体收敛。 坚持分类施策、精准拆弹，坚持化解存量和遏制增量并举，坚决打好防范化解重大风险攻坚战。上市公司风险化解取得实质性成效，高风险公司加快出清，第一大股东高比例质押公司较峰值下降超过一半，质押融资余额下降超过35%。债券市场风险防范处置取得积极进展，统一信息披露制度，推动出台《全国法院审理债券纠纷案件座谈会纪要》，妥善应对重点个案风险，交易所市场债券违约水平总体可控。推动建立部际联动、央地协作的私募基金风险防范处置机制，综合施策压降风险规模。地方交易场所风险处置平稳推进，违规非标业务风险总体收敛。

固本强基，法治建设和生态完善迈出重要步伐。 落实"零容忍"要求，围绕大幅提升证券违法犯罪成本、强化监管震慑，加快构建行政执法、民事追偿和刑事惩戒相互衔接、互相支持的立体有机体系。新《证券法》《刑法修正案（十一）》相继施行，长期以来资本市场违法违规成本过低的状况得到扭转。期货法立法取得积极进展。中央深改委审议通过《关于依法从严打击证券违法活动的若干意见》，推动完善证券执法司法体制机制。进一步加大对欺诈发行、财务造假等恶性违法行为打击力度，从严从重查处了一批市场关注的大要案。推动出台证券纠纷代表人诉讼司法解释，平稳启动首例证券纠纷代表人诉讼，投资者保护制度机制不断完善。

标本兼治，着力提升监管效能。 加强上市公司持续监管，全面启动上市公司治理专项行动，分类处置资金占用、违规担保问题，不断提升上市公司治理水平。支持行业机构增强资本实力和专业服务能力，压紧压实中介机构"看门人"责任，推动加强内控合规和全面风险管理，倡导建设"合规、诚信、专业、稳健"的行业文化。围绕"数据让监管更加智慧"的愿景，优化科技监管组织架构体系，夯实科技监管基础，推动监管效能不断提升。

驰而不息，全面提升证监会系统党的建设质量。 坚持和加强党对资本市场的全面领导，促进党建与业务深度融合。巩固深化"不忘初心、牢记使命"主题教育成果，与驻证监会纪检监察组在全系统联合开展为期3个月的作风问题专项整治，着力解决了一批影响监管工作质效的问题。有序推进各级领导班子结构优化，创新年轻干部选用方式和途径，打造高素质专业化的监管干部队伍。深入推进党风廉政建设，完善发行审核注册等重点领域全流程全链条的监督制约机制，以强监督推动强监管。

2021年是中国共产党成立100周年，是"十四五"规划开局之年。证监会将坚持以习近平新时代中国特色社会主义思想为指导，全面贯彻党的十九大和十九届二中、三中、四中、五中全会精神，落实中央经济工作会议部署，坚持稳中求进、稳字当头，立足新发展阶段，贯彻新发展理念，服务新发展格局，继续做好"六稳""六保"工作，坚持"建制度、不干预、零容忍"，坚持市场化法治化国际化，坚持"四个敬畏、一个合力"，深化资本市场改革开放，稳步提高直接融资比重，着力提升资本市场治理能力，推动资本市场高质量发展。

一是主动服务经济社会发展全局。紧密围绕贯彻"十四五"规划纲要，聚焦国家重大发展战略和构建现代化经济体系，进一步健全多层次资本市场体系，完善服务创新驱动发展的体制机制安排。**二是**扎实推动全面深化改革开放落实落地。做好注册制试点总结评估和改进优化，完善配套制度规则，为稳步推进全市场注册制改革积极创造条件。统筹抓好进一步提高上市公司质量意见和退市改革方案的落地见效。进一步深化新三板改革，稳妥推进深市主板中小板合并。突出放管结合，深化简政放权。稳步推进制度型对外开放，加强开放条件下的监管能力建设。**三是**努力保持复杂环境下资本市场稳健发展势头。持续优化中长期资金入市环境，不断壮大市场买方力量。加强宏观形势的跟踪研判，防范跨市场跨领域跨境的交叉性、输入性风险，完善市场内生稳定机制。**四是**全面落实"零容忍"的执法理念。坚守监管主责主业，贯彻落实新《证券法》和《刑法修正案（十一）》，继续加大对恶性违法违规行为的打击力度，持续推动增加资本市场法治供给，促进市场健康发展。**五是**坚决打赢防范化解重大金融风险攻坚战持久战。坚持标本兼治，消化存量和遏制增量并举，持续推动重点领域风险有序缓释。稳妥化解债券违约风险，加快推进"伪私募"等相关风险的分批处置，巩固深化股票质押风险处置成效。**六是**加快推进科技和业务的深度融合。坚持向科技要动力、要效能，持续强化科技对监管的有效支撑，提升行业金融科技规范发展水平。**七是**全面推进证监会系统党的建设高质量发展。深入开展党史学习教育，持续深入加强作风建设，大力培养复合型"专门家"监管队伍。充分发挥全面从严治党的引领保障作用，坚持将正风肃纪反腐与深化改革、完善制度、优化治理贯通起来，营造风清气正的良好生态。

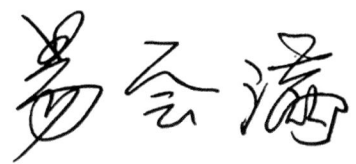

中国证券监督管理委员会　主席

中国证监会简介

监管架构

管理层

组织架构

国际顾问委员会

人力资源

监管架构

中国证监会为国务院直属正部级事业单位，2006年被批准参照《中华人民共和国公务员法》管理。中国证监会依照相关法律、法规和国务院授权，统一监督管理全国证券期货市场，维护证券期货市场公平、公正、公开，防范系统性风险，保护投资者合法权益，促进证券期货市场健康发展。

中国证监会机关负责制定、修改和完善证券期货市场规章规则，拟定市场发展规划，办理重大审核事项，指导协调风险处置，组织查处证券期货市场重大违法违规案件，指导、检查、督促和协调系统监管工作。

派出机构受中国证监会垂直领导，负责辖区内的一线监管工作，主要职责是：根据法律、行政法规规定及中国证监会的授权开展行政许可相关工作，对辖区内上市公司、证券期货经营机构、证券期货投资咨询机构和从事证券业务的律师事务所、会计师事务所、资产评估机构等中介机构的证券期货业务活动进行监督管理；负责辖区内风险防范与处置；查处辖区内的违法违规案件；开展辖区内投资者教育与保护工作。

上海证券交易所（以下简称上交所）、深圳证券交易所（以下简称深交所）、上海期货交易所（以下简称上期所）、郑州商品交易所（以下简称郑商所）、大连商品交易所（以下简称大商所）、中国金融期货交易所（以下简称中金所）、中国证券登记结算有限责任公司（以下简称中国结算）、中国证券投资者保护基金有限责任公司（以下简称投保基金公司）、中国证券金融股份有限公司（以下简称中证金融）、中国期货市场监控中心有限责任公司（以下简称期货市场监控中心）、中证数据有限责任公司（以下简称中证数据）、全国中小企业股份转让系统有限责任公司（以下简称全国股转公司）、中国证券业协会（以下简称证券业协会）、中国期货业协会（以下简称期货业协会）、中国上市公司协会（以下简称上市公司协会）、中国证券投资基金业协会（以下简称基金业协会）等机构，对其会员（或参与人、上市公司、挂牌公司）及证券期货交易活动进行一线监管和自律监管。这些一线监管和自律监管构成证券期货监管活动的有效补充。

管理层

易会满

主席

阎庆民	**李 超**	**方星海**	**赵争平**	**樊大志**
副主席	副主席	副主席	副主席	驻证监会纪检监察组组长

组织架构

中国证监会组织架构（见图1-1）。

图 1-1　中国证监会组织架构

国际顾问委员会

国际顾问委员会（简称顾委会）是中国证监会的专家咨询机构，于2004年6月经国务院批准设立，由境外金融监管高级官员、金融机构高管以及知名专家学者担任委员。自2004年成立以来，顾委会每年召开一次会议，为促进中国证监会借鉴国际经验、加强国际交流合作、推进资本市场双向开放和稳定发展持续发挥积极作用。顾委会现有委员15名，其中主席、副主席各1名。现任主席为霍华德·戴维斯先生，现任副主席为史美伦女士。

表1-1　　　　　　　　　　　　　中国证监会国际顾问委员会委员名单

主席

霍华德·戴维斯 (Howard DAVIES)	苏格兰皇家银行主席，英国金融服务局前主席，伦敦政治经济学院前院长

副主席

史美伦 (Laura M. CHA)	香港特别行政区行政会议非官守成员，香港交易所主席，汇丰控股非执行董事，中国证监会前副主席，香港证监会前副主席

委员（按英文姓氏首字母排列）

何晶 (Ching HO)	淡马锡公司首席执行长
沃尔特·卢肯 (Walt LUKKEN)	美国期货业协会会长，美国商品期货交易委员会前委员、执行主席
里奥·梅拉梅德 (Leo MELAMED)	芝加哥商业交易所集团终身荣誉主席，Melamed & Associates全球咨询公司主席兼首席执行官
浦伟光 (Stephen PO)	香港保险业监管局市场行为部执行董事，香港证监会中介机构监察科前主管
米歇尔·普拉达 (Michel PRADA)	法国公共部门会计准则委员会主席，国际财务报告准则基金会受托人委员会前主席，法国金融监管局前主席，国际证监会组织前执委会和技术委员会主席
史蒂芬·罗奇 (Stephen ROACH)	耶鲁大学杰克逊全球事务研究所高级研究员，管理学院高级讲师；摩根士丹利亚洲区前主席，摩根士丹利前首席经济学家
玛丽·夏皮罗 (Mary SCHAPIRO)	彭博副董事长，美国证监会前主席，美国商品期货交易委员会前主席

续表

大卫·施维默 (David SCHWIMMER)	伦敦证券交易所集团首席执行官
沈联涛 (Andrew SHENG)	香港大学亚洲环球研究院杰出研究员，香港证监会前主席，香港金融监管局前副总裁
温泽恩 (John WALDRON)	高盛集团总裁兼首席运营官
魏柏昂 (Axel A. WEBER)	瑞银集团董事会主席，国际金融协会理事会主席，德国央行前行长
大卫·莱特 (David WRIGHT)	欧洲金融智库EUROFI主席，Flint Global咨询合伙人，国际证监会组织前秘书长，欧盟委员会前智库成员
俞在勋 (Jaehoon YOO)	亚洲基础设施投资银行（AIIB）行长前高级顾问兼主计师

人力资源

截至2020年末，中国证监会工作人员共3 278人，其中总部767人，派出机构2 511人，占比分别为23%和77%，平均年龄为38岁。

全面从严治党

狠抓思想和政治建设

深入开展纪检监察工作

加强党的组织建设

狠抓思想和政治建设

深入学习贯彻习近平新时代中国特色社会主义思想。 坚持以习近平新时代中国特色社会主义思想为指导，深入学习贯彻党的十九大和十九届二中、三中、四中、五中全会精神。持续强化理论武装，制定巩固深化"不忘初心、牢记使命"主题教育成果的32条具体措施，组织20次党委理论中心组学习，发挥党委理论学习中心组的领学促学作用。引导各级党组织运用"三会一课"、各级党校、青年理论学习小组、网络学校等平台，跟进学习习近平总书记一系列重要讲话和中央有关重要文件、会议精神。研读《习近平谈治国理政》第三卷，引导系统党员、干部进一步学深悟透做实，以理论清醒强化政治坚定。

深入贯彻落实中央和国家机关党的建设工作会议精神。 坚持以党的政治建设为统领，进一步树牢政治机关意识，不断增强"四个意识"，坚定"四个自信"，做到"两个维护"。把学习贯彻习近平总书记对资本市场的重要指示批示精神作为首要政治纪律和政治规矩，及时研究制定具体落实措施，持续对标对表，巩固深化落实效果。坚持问题导向，聚焦突出问题，与驻证监会纪检监察组在全系统联合开展为期3个月的作风问题专项整治，不断优化服务、改进工作，提升监管质效。

认真组织学习贯彻党的十九届五中全会精神。 统一部署，制定落实方案，在全系统举行党的十九届五中全会精神专题宣讲，举办证监会系统"一把手"学习贯彻党的十九届五中全会精神专题班，为党员干部发放五中全会《〈中共中央关于制定国民经济和社会发展第十四个五年规划和二〇三五年远景目标的建议〉辅导读本》及《党的十九届五中全会〈建议〉学习辅导百问》，拟定机关轮训班方案，邀请中央党校专家教授围绕"十四五"规划和二〇三五年远景目标现场授课，编制五中全会应知应会知识测试，供党支部和党员检验学习成效。

扎实开展强化政治机关意识教育。 强化领导干部特别是"一把手"政治能力培训，深入开展学习交流，不断提升政治判断力、政治领悟力、政治执行力。围绕"强化政治机关意识，走好第一方阵"讲专题党课，研读习近平总书记《论坚持党对一切工作的领导》等文集文件，开展"不忘初心、弘扬优良家风"主题党日活动。组织开展党员政治学习效果现场测试，设计开发"政治理论学习在线测试系统"，以考促学。印发《会机关青年理论学习提升工程实施方案》，开设"青年理论学习"专栏，及时推荐学习篇目，创新载体抓实党员干部和青年干部政治理论学习。

深入开展纪检监察工作

强化政治监督，坚决做到"两个维护"。 驻证监会纪检监察组紧紧围绕深化资本市场改革强化政治监督，确保党中央重大决策部署和习近平总书记重要指示批示精神贯彻落实到位。建立健全证监会党委与驻证监会纪检监察组定期通报和半年沟通会商工作机制，对证监会系统落实中央巡视整改工作进行专项监督检查，对发挥资本市场功能服务支持疫情防控和经济社会发展、脱贫攻坚任务完成情况、"过紧日子"情况和减税降费情况等进行专项监督检查。出台疫情防控"六不许"纪律要求，对监管干部从严执行纪律进行严格监督。坚持金融风险与腐败问题同步治理，净化政治生态和资本市场环境。认真落实垂直管理单位纪检监察体制改革任务，结合注册制改革发行审核公权力运行实际，对上海证券交易所、深圳证券交易所进行重点监督。

保持日常监督高频覆盖，突出重点领域监督检查。 紧盯资本市场改革任务落实，督促建立系统的监督保障措施，高质量开展监督工作。对稽查执法和注册制改革涉及的全业务链条进行经常性监督检查。对关键岗位人员进行重点监督，对重点行为和重点部门开展专项监督检查。全面梳理制定会机关公权力清单，强化权力运行监督。认真落实审计谈话和巡视反馈制度，强化对证监会系统单位"一把手"的监督。加强对证监会系统单位纪委的监督指导，压实同级监督责任。加强与证监会系统单位所在地纪委监委的沟通联系，优化与驻中管金融机构纪检监察组之间的监督协同工作机制，强化系统内外的监督合力。开发上线电子化廉政档案数据库管理模块、干部廉政监督管理系统，提升监督效率。

坚定不移把"严"的主基调长期坚持下去。 有序推进深化证监会系统党风廉政建设和反腐败工作，依法依规依纪从严查办重点案件，确保形成持续从严的震慑。从严查处违反中央八项规定精神的行为，坚决遏制"四风"问题反弹回潮。针对落实疫情防控措施不力等问题，从严问责。2020年中央纪委国家监委驻证监会纪检监察组和证监会系统各单位纪委共计给予处分114人次，给予组织措施363人次。坚持严管和厚爱相结合，注重"三个区分开来"，经常性开展谈心谈话，发挥咬耳扯袖、红脸出汗的提醒作用，全年共运用"四种形态"688人次。深入推进以案促改、以案促治，持续补齐短板、堵塞漏洞。专题召开证监会系统警示教育大会，筑牢"不想腐"的思想自觉。通过线上"纪检业务大讲堂"、线下集中培训、以干代训等方式，全覆盖轮训证监会系统纪委书记和纪检骨干，为强化专责监督提供组织保障。扎实开展日常教育监督，编写《知敬畏守规矩强作风会机关廉政手册》并督促会机关人员系统学习。

稳步推进巡视巡察上下联动，不断拓展巡视审计工作的广度和深度。 组织开展证监会党委第五轮巡视，完成对系统14家单位的常规巡视，巡视全覆盖率近70%。探索开展巡视巡察上下联动，进一步扩大巡察试点范围，在5家单位开展巡察工作。组织召开审计工作联席会议，增加审计工作的主动性和计划性。开展对16家单位17位领导干部的经济责任审计，其中5家单位实行巡审结合，安排对10家单位主要负责人的经济责任审计结果谈话，切实规范领导干部权力运行，进一步深化审计结果运用。对5家会管单位开展货币资金管理专项审计，对3家期货交易所"保险+期货"费用支付和交易手续费减收实施专项审计，不断拓展巡视审计工作的广度和深度。

加强党的组织建设

加强干部队伍建设。认真学习贯彻习近平总书记在中央政治局第二十一次集体学习和中青班开班式上的重要讲话精神，积极践行新时代党的组织路线，坚持党管干部原则，落实新时期好干部标准，着力锻造忠诚干净担当的高素质监管干部队伍。突出政治忠诚，严把政治关，注重在疫情防控、支持实体经济恢复发展、脱贫攻坚、全面深化改革等斗争一线考察选拔干部。突出结构优化，制定领导班子建设规划安排，创新方式和途径，开展优秀年轻副职推荐选拔工作，有序推进各级领导班子结构优化。突出专业过硬，聚焦提高治理能力和解决实际问题的能力，常态化推进轮岗交流，继续用好巡视审计、艰苦地区挂职等平台。突出担当作为，认真落实考核工作条例，统筹优化考核的内容、方式，强化重实干重实绩导向，坚持奖优罚劣、激励担当，用好用活考核结果，进一步发挥好考核评价的"指挥棒"作用。

加强基层党组织建设。认真学习贯彻习近平总书记关于基层党建工作的重要论述，召开系统组织宣传统战工作会议，印发党建工作要点，健全党建工作领导机制，发挥党建工作领导小组议事协调机构作用，统筹推进系统党的建设、全面从严治党工作。坚持以机关带系统，推进证监会系统党支部标准化规范化建设，着力建设"四强"党支部。积极推动会管单位认真贯彻落实基层组织工作条例和加强协会党建工作的要求，增强工作针对性、有效性。完善党风廉政建设评价和党委书记抓党建述职评议考核机制，建立派出机构党建工作联系点，加强督促指导。持续抓好发展党员、党费使用管理、党内统计等工作，按照党中央部署要求及时向系统单位划拨党费专项资金支持疫情防控工作，组织党员自愿捐款，引导基层党组织和广大党员在疫情防控中积极作为、发挥作用。

从严监督管理干部。深入学习贯彻习近平总书记关于从严管理监督干部的重要论述，认真落实十九届中央纪委五次全会精神，全方位做好干部监督管理各项工作。认真落实全面从严治党各项部署要求，进一步完善会党委和驻证监会纪检监察组同向发力的监督协作机制，强化公权力的监督制约，贯通落实"两个责任"。突出监督重点，加强对重点岗位领导干部特别是"一把手"的政治监督，对个别状态不佳的干部做出调整，按照"下管一级、监控两级"的要求从严管好会管单位。召开会议约谈部分一把手，就落实全面从严治党责任、从严管理监督干部等工作提出要求。做实日常监督，加强对干部的教育引导，严格执行干部兼职、投资行为、与监管对象交往等规定，加强对离职干部的管理监督，用好提醒、函询、诫勉，防止小毛病演变成大问题。扎实开展个人有关事项报告专项整治，着力解决填报不认真不规范等问题，全面提升工作质效，更好发挥报告制度在防止"带病提拔"中的重要作用。强化干部选任监督，扎实做好"一报告两评议"、专项检查等工作，推动提升全系统选人用人工作质量，营造风清气正的政治生态。

资本市场发展情况

多层次股权市场

交易所债券市场

期货与衍生品市场

基金市场

资本市场经营机构

多层次股权市场

交易所股票市场

市场规模。截至2020年末，沪深两市上市公司4 154家（见图3-1），全年新增377家。其中，主板2 053家，中小企业板994家，创业板892家，科创板215家。沪深两市总市值79.72万亿元，流通市值64.36万亿元，同比分别增加34.46%和33.12%；流通市值占总市值的80.73%。沪深两市总市值占2020年国内生产总值（GDP）的78.46%（图3-2），总市值居全球第二位（见表3-1）。

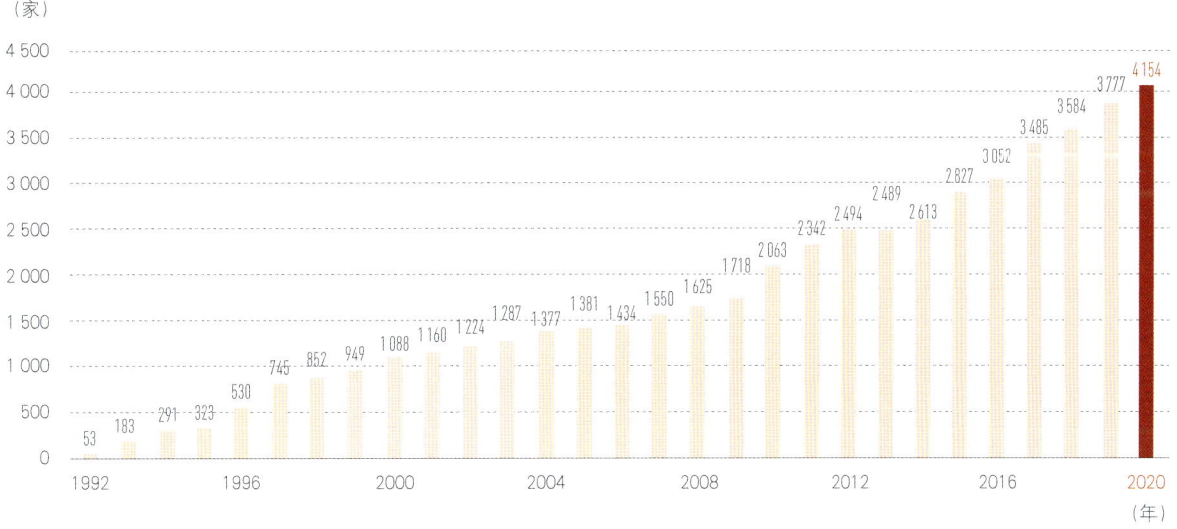

图3-1　中国境内上市公司家数年度变化（1992—2020年）

资料来源：中国证监会。

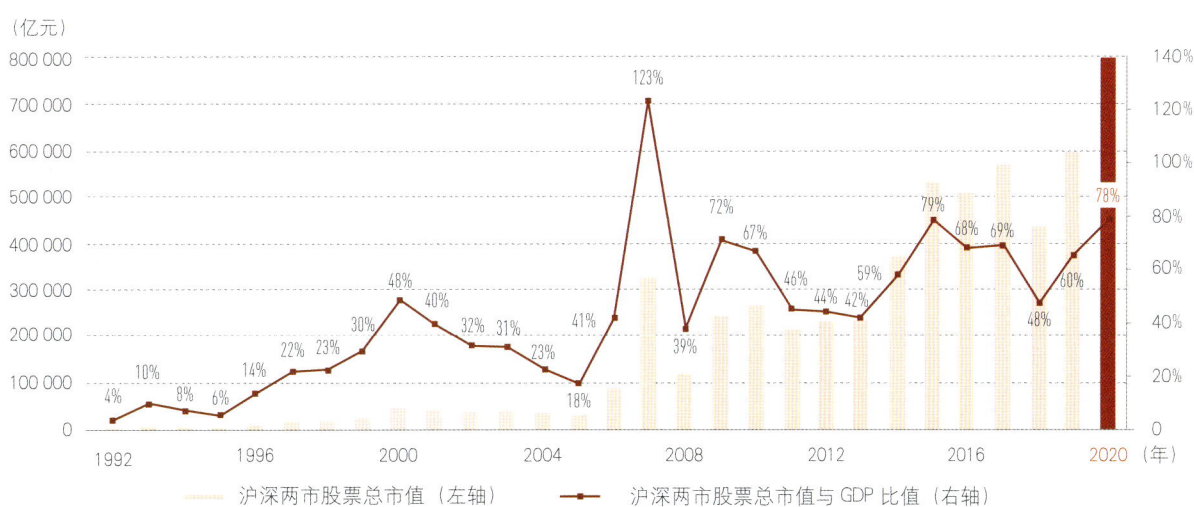

图3-2　沪深两市股票总市值与GDP比值变化（1992—2020年）

资料来源：中国证监会。

表3-1　　　　　　　　2020年12月底世界交易所市值排名表

国家或地区排名			交易所排名		
排名	国家或地区名称	所属区域	交易所市值（亿美元）	名次	中文名称	交易所市值（亿美元）
1	美国	北美洲	452 931	1	纽约泛欧证券交易所（美国）	262 327
2	中国内地	亚洲	122 145	2	纳斯达克证券交易所	190 604
3	日本	亚洲	67 182	3	上海证券交易所	69 760
4	中国香港	亚洲	61 304	4	东京证券交易所	67 182
5	法国	欧洲	54 439	5	香港证券交易所	61 304
6	英国	欧洲	40 456	6	纽约泛欧证券交易所（欧洲）	54 439
7	加拿大	北美洲	26 084	7	深圳证券交易所	52 385
8	德国	欧洲	22 841	8	伦敦证券交易所	40 456
9	韩国	亚洲	21 762	9	多伦多证券交易所	26 084
10	瑞士	欧洲	20 016	10	印度国家交易所	25 525

资料来源：世界交易所联合会。

发行情况。 2020年，沪深两市股票融资15 417亿元（见图3–3），同比增加13.91%。其中，首发上市A股[①]股票394只，融资4 742亿元；再融资10 675亿元。从再融资类型看，公开增发融资26亿元，定向增发（现金认购）融资5 208亿元，定向增发（资产认购）融资3 545亿元，配股融资513亿元，优先股融资187亿元，可转债转股融资1 195亿元。

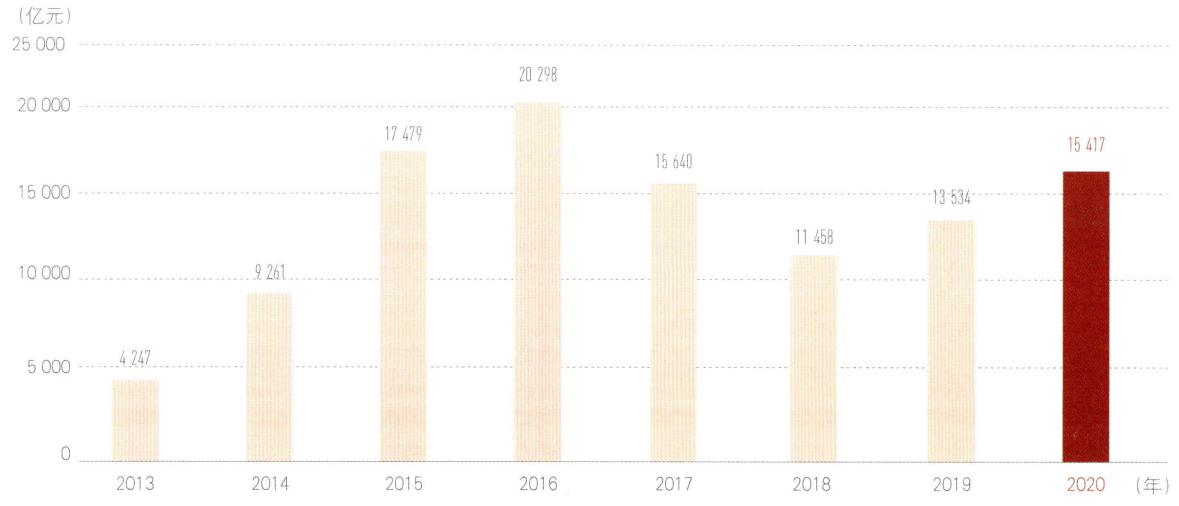

图3-3　A股市场融资额情况（2013—2020年）

资料来源：中国证监会。

注：此处A股融资额指通过IPO、增发（公开增发、定向增发现金及资产认购）、配股、权证行权、优先股、可转债转股等方式筹集的资金，按股份上市日统计。

---

① A股又称人民币普通股票，由中国境内公司发行，供境内机构、组织和个人（从2013年4月1日起，境内港、澳、台居民可开立A股账户）以人民币认购和交易的普通股股票。

交易情况。2020年，上证综指上涨13.87%，深证综指上涨35.20%（见图3–4）。全年上证综指振幅为27.15%。沪深两市日均成交金额为8 511.33亿元（见图3–5），较2019年增加3 289.37亿元，增幅为62.99%；沪市和深市股票换手率较2019年分别增加64.90个百分点和100.94个百分点。

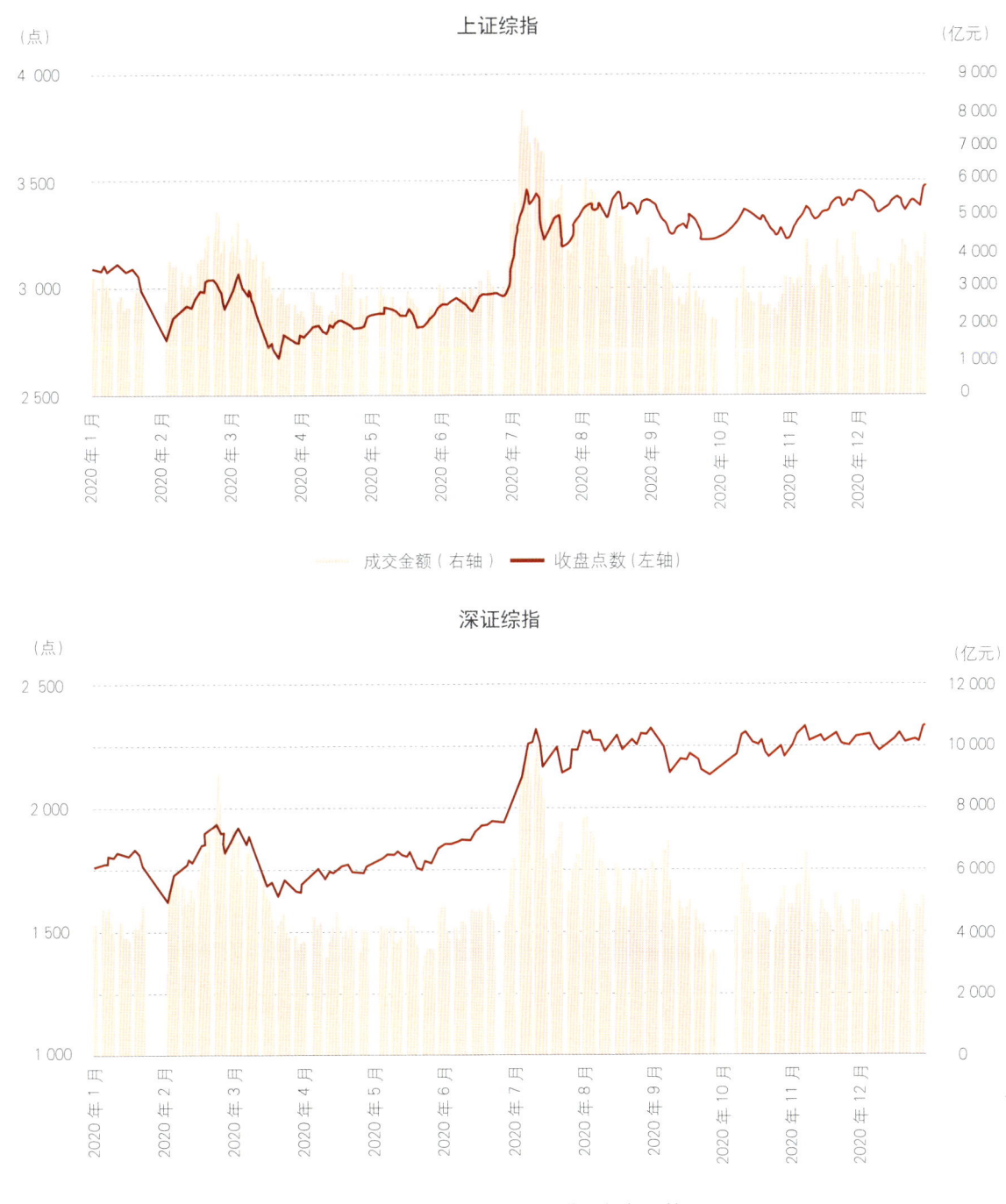

图3-4　2020年上证综指、深证综指走势

资料来源：中国证监会中央监管信息平台。

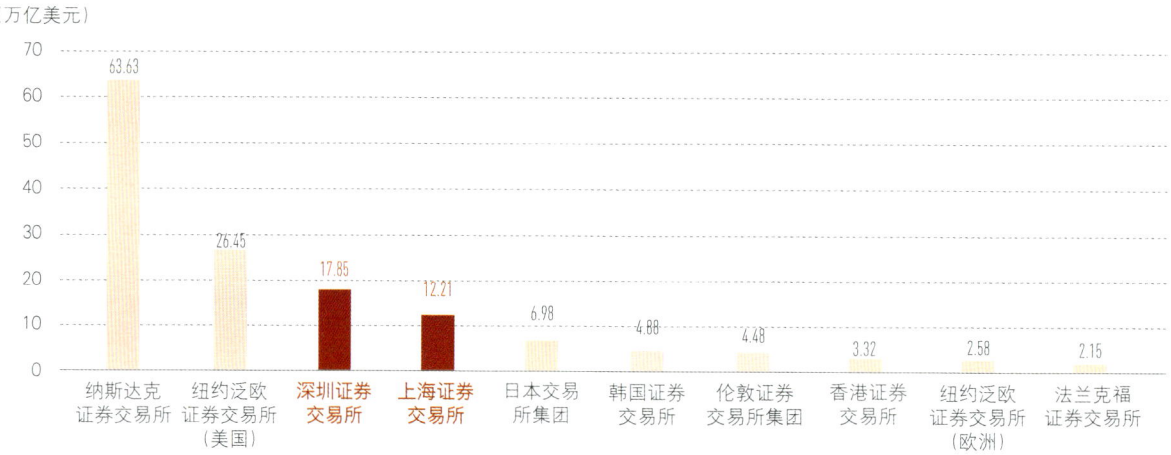

图3-5　2020年各交易所股票交易额

资料来源：世界交易所联合会。

持续完善股票发行制度。 深化科创板改革，出台科创属性评价指引，发布科创板再融资办法，编制"科创50"指数，推出"科创50"ETF等指数基金。截至2020年末，科创板上市公司215家，市值合计3.35万亿元，IPO融资合计3 050亿元。保障首单CDR在科创板发行上市，高质量做好存托凭证试点存托人监管。稳步推进创业板改革，2020年6月12日，创业板改革并试点注册制主要制度规则发布实施，主要包括《创业板首次公开发行股票注册管理办法（试行）》《创业板上市公司持续监管办法（试行）》《证券发行上市保荐业务管理办法》及相关配套规则，实现核准制向注册制的平稳过渡。8月24日，创业板改革并试点注册制正式落地，首批18家企业上市交易。截至2020年末，创业板注册制下共计63家企业首发上市，市值合计1.22万亿元，IPO融资合计660.33亿元。

优化并购重组审核安排。 进一步拓宽"小额快速"审核通道，调整配套融资安排，支持上市公司依托并购重组提高质量、做优做强；紧盯"三高"并购，防范并购风险；进一步提高审核效率，审核用时压缩至平均41天。截至2020年末，全市场并购重组2 828单，交易金额1.66万亿元，稳居世界前列。其中，证监会核准79单，交易金额0.35万亿元。

完善上市公司退市制度。 2020年11月，中央全面深化改革委员会第十六次会议审议通过《健全上市公司退市机制实施方案》。证监会认真贯彻落实会议精神，指导沪深交易所修订《股票上市规则》及相关业务规则，完善退市标准、简化退市程序、加强退市监管和风险警示；同时，强化退市监管力度，做到应退尽退。支持上市公司通过重组上市、出清式资产置换盘活存量，出清风险。2020年，共有31家公司通过各种渠道退出，退出规模再创历史新高。

贯彻落实《国务院关于进一步提高上市公司质量的意见》。 2020年10月，国务院正式发布《关于进一步提高上市公司质量的意见》（以下简称《意见》）。中国证监会积极抓好《意见》各项任务落实，全面部署退市制度改革、公司治理专项行动、分类解决占用担保等重点工作；通过央视新闻、报刊专栏专稿等多种形式，对《意见》进行全面解读，营造良好舆论氛围；召开六场片区经验交流会议，组织各省区市金融局、国资委等交流贯彻落实《意见》的做法经验和化解风险典型案例，增强监管合力；推动地方政府出台配套文件，形成贯彻落实《意见》的热潮。

全国股转系统

市场规模。 截至2020年末，全国中小企业股份转让系统存量挂牌公司8 187家，精选层、创新层、基础层分别为41家、1 138家、7 008家；全市场总市值2.65万亿元，市盈率21.10倍，精选层总市值848.07亿元，市盈率28.10倍。全市场合格投资者数量165.82万户，是2019年末的7.12倍。2019年挂牌公司共实现营业收入14 994.06亿元[①]，同比增长9.98%；净利润718.81亿元，同比增长14.29%。

发行情况。 2020年共有674家挂牌公司完成发行716次，融资338.50亿元，同比上升27.91%；定向发行675次，融资232.87亿元。并购重组交易金额89.97亿元，同比下降25.71%。二级市场全年日均成交5.33亿元，同比上升57.44%，全年换手率9.90%，同比增加3.90个百分点。

表3-2　　　　　　　　　　　　　　　全国股转系统规模变化

	2019年	2020年	同比变化
挂牌公司数量	8 953家	8 187家	-8.56%
总股本	5 616.29亿股	5 335.28亿股	-5.00%
总市值[②]	29 399.60亿元	26 542.31亿元	-9.72%
发行次数	637次	716次	12.40%
发行股数	73.73亿股	74.54亿股	1.10%
融资金额	264.63亿元	338.5亿元	27.91%
成交金额	825.69亿元	1294.64亿元	56.79%
成交数量	220.2亿股	260.42亿股	18.27%
换手率	6%	9.9%	65.00%
市盈率	19.74倍	21.1倍	6.89%
机构投资者	4.27万户	5.74万户	34.43%
个人投资者	19.02万户	160.08万户	741.64%

资料来源：全国中小企业股份转让系统。

表3-3　　　　　　　　　　　　　　全国股转系统挂牌公司行业分布

管理型门类行业	2019年末		2020年末				
	公司数（家）	占比（%）	精选层（家）	创新层（家）	基础层（家）	公司数（家）	占比（%）
制造业	4 409	49.25	29	533	3 454	4 016	49.05
信息传输、软件和信息技术服务业	1 725	19.27	6	237	1 362	1 605	19.60
租赁和商务服务业	465	5.19	1	44	377	422	5.15
科学研究和技术服务业	442	4.94	1	60	332	393	4.80

① 资料来源：截至2020年4月30日披露年报的6 955家挂牌公司数据。
② 2020年总市值按照《证券期货业统计指标标准指引（2019年修订）》规定口径统一调整计算。

续表

管理型门类行业	2019 年末		2020 年末				
	公司数（家）	占比（%）	精选层（家）	创新层（家）	基础层（家）	公司数（家）	占比（%）
批发和零售业	400	4.47	1	49	312	362	4.42
建筑业	304	3.40	0	53	227	280	3.42
文化、体育和娱乐业	202	2.26	0	26	163	189	2.31
农、林、牧、渔业	200	2.23	0	31	158	189	2.31
水利、环境和公共设施管理业	161	1.80	2	26	124	152	1.86
交通运输、仓储和邮政业	156	1.74	0	22	126	148	1.81
金融业	115	1.28	0	13	91	104	1.27
电力、热力、燃气及水生产和供应业	111	1.24	1	17	83	101	1.23
房地产业	71	0.79	0	11	49	60	0.73
教育	70	0.78	0	3	58	61	0.75
卫生和社会工作	38	0.42	0	8	26	34	0.42
采矿业	32	0.36	0	2	23	25	0.31
住宿和餐饮业	28	0.31	0	1	27	28	0.34
居民服务、修理和其他服务业	24	0.27	0	2	16	18	0.22
合计	8 953	100.00	41	1 138	7 008	8 187	100.00

资料来源：全国中小企业股份转让系统。

改革措施。 发布《非上市公众公司信息披露内容与格式准则第11号——向不特定合格投资者公开发行股票说明书》等新三板改革配套规则，优化发行制度，引入向不特定合格投资者公开发行制度。优化市场结构，设立精选层，承接完成公开发行、具有发展潜力的优质挂牌企业。发布《关于全国中小企业股份转让系统挂牌公司转板上市的指导意见》，建立转板上市制度，完善多层次资本市场互联互通机制。2020年7月27日，新三板精选层正式设立，首批32家企业晋层。截至2020年末，已有41家公司完成公开发行并在精选层挂牌，累计募集资金105.62亿元（含超额配售选择权）。

区域性股权市场

新《证券法》[①] 首次在法律上明确区域性股权市场的法定地位和功能，确认区域性股权市场是多层次资本市场体系的重要组成部分。区域性股权市场制度和业务创新试点顺利启动，在区域性股权市场开展股权投资和创业投资份额转让试点成功落地实施。制度建设不断完善，可转债等业务规范进一步明确，防范化解风险隐患及时有效，市场运行平稳有序。截至2020年末，全国34家区域性股权市场共有挂牌公司3.47万家（其中股份公司1.36万家），2020年为中小微企业实现各类融资2 884亿元，历年累计实现各类融资1.42万亿元（其中股权融资0.29万亿元）。

---

① 本年报中新《证券法》指2019年12月第二次修订、2020年3月1日起施行的《中华人民共和国证券法》。

交易所债券市场

市场概况

市场规模。 截至2020年末,交易所债券市场托管面值约16.33万亿元(见图3-6),同比增长28.60%,占全市场规模的14.13%。交易所市场非金融公司债(包含公司债、可转债、可交换债,资产证券化产品)托管金额为11.35万亿元,同比增长28.31%,占全市场规模的41.38%。截至2020年末,交易所债券市场存量债券20 497只,其中政府债券2 154只,政策性金融债24只,企业债(含铁道公司债)1 975只,公司债9 837只,可转债370只,可交换债109只,资产支持证券6 028只。

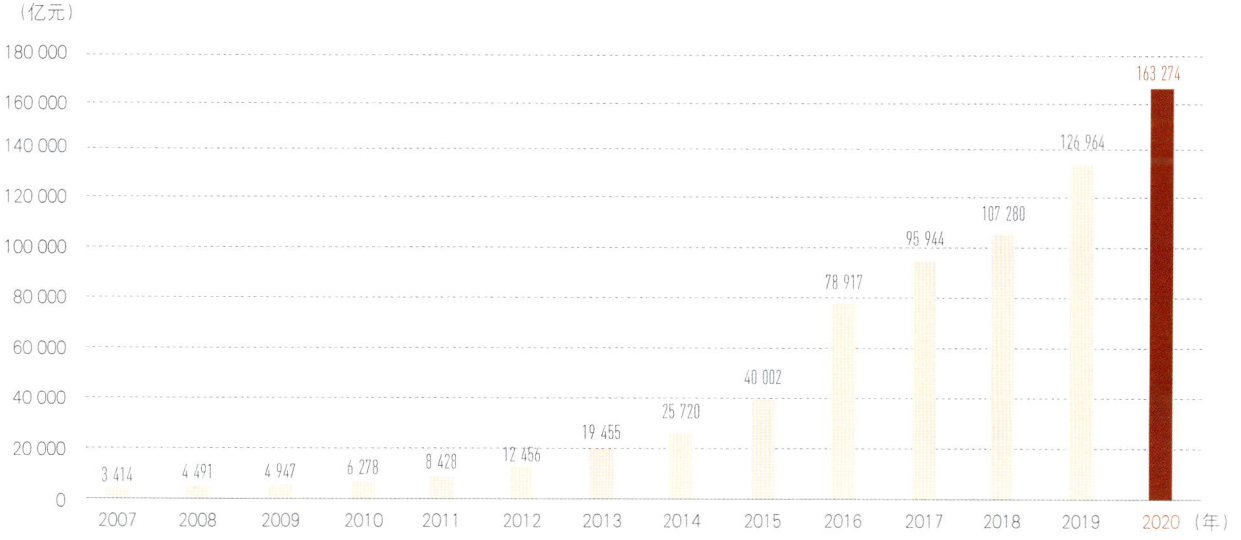

图3-6 交易所债券市场历年托管面值

资料来源:中证数据。

融资情况。 2020年,交易所债券市场发行各类债券(含公司债券、资产支持证券、地方政府债券、政策性金融债券)6 292只,融资8.48万亿元(见图3-7),同比增长17.77%,占全国债券市场融资额的14.98%;扣除本金兑付后,净融资6.18万亿元,同比增长18.00%,占全国债券市场净融资额的34.21%。其中,非金融企业通过交易所债券市场融资4.29万亿元,占非金融企业债券融资的32.07%,同比增长29.35%;扣除本金兑付后,净融资2.80万亿元,同比增长38.43%,占非金融企业债券净融资额的65.02%。分品种看,发行公司债券4 196只,融资4.53万亿元,同比增长34%。其中,非金融企业本年累计发行公司债券3.45万亿元,同比增长33.77%;发行资产支持证券1 355只,融资1.46万亿元,同比增长45.83%;发行地方政府债券712只,融资2.42万亿元;发行政策性银行债券25只,融资675亿元。

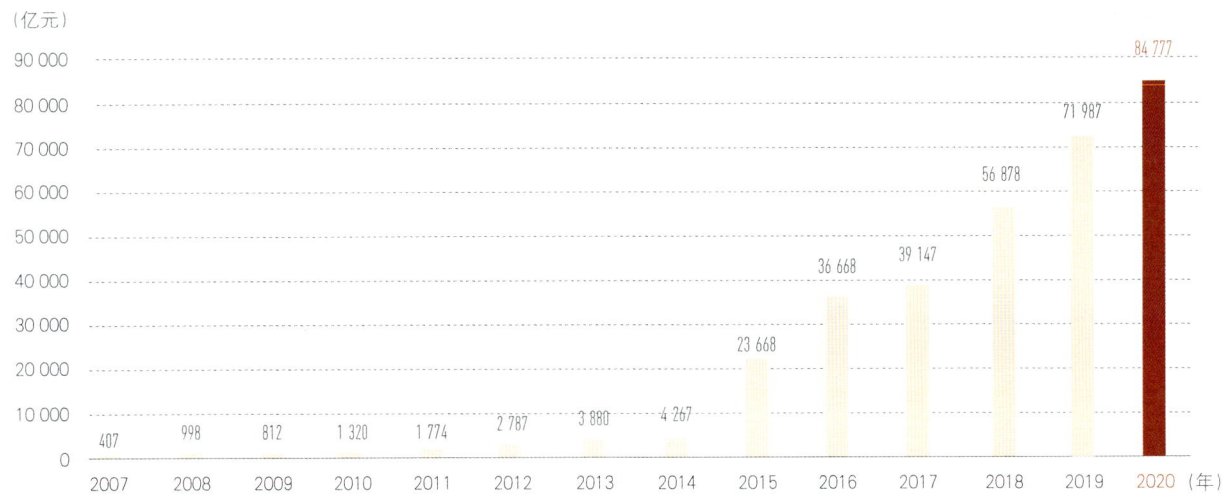

图3-7 交易所债券市场历年融资金额

资料来源：中证数据。

稳步推进债券品种创新

为大力支持国家战略实施，更好服务实体经济，交易所债券市场稳步推进债券品种创新（见表3-4）。积极支持绿色转型和绿色金融发展，2020年交易所市场累计发行绿色债券（含ABS）105单，发行规模905.82亿元。进一步拓宽创新创业企业债券融资渠道，2020年创新创业公司债券累计发行22单，发行规模125.20亿元。持续以市场化方式支持民营企业债券融资，引导市场修复对民企债券的投资信心，发行信用保护合约及凭证73单，名义本金共计71.25亿元，发行债券金额593.87亿元。持续助力缓解实体经济融资困境，推进可续期公司债券试点，发行可续期公司债券300单，金额4 354.90亿元。积极助力中小企业依托核心企业信用获得融资，发行供应链金融ABS共553单，金额3 104.72亿元。推进住房租赁资产证券化，助力盘活住房租赁存量资产，提高资金使用效率，发行住房租赁ABS共10单，金额98.04亿元。

表3-4 2020年交易所债券市场创新品种情况

创新品种	发行数量（只）	发行金额（亿元）
绿色债券（含ABS）	105	905.82
创新创业公司债券	22	125.20
信用保护合约及凭证	73	593.87
可续期公司债券	300	4 354.90
供应链金融ABS	553	3 104.72
住房租赁ABS	10	98.04

资料来源：中证数据、上海证券交易所、深圳证券交易所。

稳妥发展资产证券化

贯彻落实服务实体经济的要求，支持符合条件的各类基础资产通过交易所债券市场发行资产支持证券。2020年，企业资产支持证券发行1.46万亿元，约占全市场各类资产证券化产品的44.20%。其中，继续依托企业资产证券化探索知识产权证券化可行模式，2020年交易所债券市场共发行9只知识产权资产支持证券，发行规模约为27.18亿元，同比增长61.31%。

优化完善交易所债市品种结构

持续推进地方性政府债券和政策性金融债券在交易所债券市场发行，优化完善交易所债券市场品种结构。贯彻落实国务院规范地方债务管理精神，促进地方债市场持续健康发展，助力财政政策更好发挥作用，2020年交易所市场共发行地方政府债券2.42万亿元，占其全市场发行总量的37.49%。稳步提升利率债在交易所市场占比，进一步优化回购质押库结构，与人民银行等相关部门积极沟通，有序推进政策性金融债券在交易所市场发行。2020年交易所市场共发行政策性金融债675亿元，其中国开债575亿元，农发债100亿元。

持续完善交易所债券市场制度

推进金融基础设施互联互通。 与人民银行联合发布《中国人民银行 中国证券监督管理委员会公告〔2020〕第7号》，同意银行间债券市场与交易所债券市场相关基础设施机构开展互联互通合作，推动银行间与交易所债券市场互联互通。

修订《公司债券发行与交易管理办法》。 2020年3月，明确公开发行公司债券实施注册制。为贯彻落实《证券法》和《关于公开发行公司债券实施注册制有关事项的通知》相关要求，对《公司债券发行与交易管理办法》进行了修订，已于2020年9月6日完成向社会公开征求意见。

积极推进基础设施REITs试点。 2020年4月，与国家发展和改革委员会（以下简称发展改革委）联合发布《关于推进基础设施领域不动产投资信托基金（REITs）试点相关工作的通知》，明确开展基础设施REITs试点。2020年8月，发布《公开募集基础设施证券投资基金指引（试行）》，进一步明确产品定义与运作模式、压实机构主体责任、明确基金份额发售方式、规范基金投资运作、明确相关监督管理职责等。

推动统一公司信用类债券信息披露规则。 会同人民银行和发展改革委制定《公司信用类债券信息披露管理办法》，于2020年12月正式发布，自2021年5月1日起施行。

实行评级备案管理。 新《证券法》取消证券评级业务行政许可，改为备案管理。发布施行《证券服务机构从事证券服务业务备案管理规定》，配套上线"资信评级机构备案管理系统"。2020年共12家证券评级机构通过从事证券服务业务首次备案。

推动评级跨市场资质互认。 2020年，落实《中国人民银行 中国证券监督管理委员会〔2018〕第14号公告》要求，依法核准中诚信国际从事证券市场资信评级业务；在证券评级业务行政许可取消后，完成联合资信证券服务业务首次备案。

健全市场化、法治化债券违约处置机制。 2020年7月，与人民银行、发展改革委联合发布《人民银行 发展改革委 证监会关于公司信用类债券违约处置有关事宜的通知》，明确债券违约处置的基本原则和工作思路。出台债券违约转让机制和匿名拍卖机制，解决违约债券流通问题。推出债券购回、债券置换等债务管理工具，支持发行人通过公开要约方式购回自身债券，或是以新债券置换旧债，以减小兑付压力、缓释信用风险。推动最高人民法院出台《全国法院审理债券纠纷案件座谈会纪要》，明确债券纠纷案件审理的若干重要问题，畅通债券违约的法治化救济渠道。

期货与衍生品市场

品种概况。截至2020年末，期货与衍生品市场品种（见表3-5）总数达到90个，包括62个商品期货，18个商品期权，6个金融期货和4个金融期权。

交易情况。截至2020年末，期货市场总资金8 820.24亿元，同比增加58.59%，有效客户数186.33万个，同比增加22.80%，日均交易客户数55.37万个，同比增加14.61%。以单边计，期货市场合计成交60.27亿手，同比增加53.70%，成交金额437.30万亿元，同比增加50.49%（见图3-8）。其中，商品期货成交59.28亿手，同比增加53.78%，成交金额322.00万亿元，同比增加45.72%；金融期货成交0.99亿手，同比增加48.66%，成交金额115.30万亿元，同比增加65.61%。金融期货成交量和成交额分别占全市场的1.61%和26.35%。

2020年，以单边计，期权市场合计成交11.87亿手（张），同比增加78.50%，成交金额10 334.84亿元，同比增加176.17%。其中，商品期权市场成交1.09亿手，同比增加168.56%，成交金额1 122.66亿元，同比增加236.86%；金融期权市场成交10.78亿手（张），同比增加72.76%，成交金额9 212.18亿元，同比增加170.04%（见表3-6）。

投资者情况。期货市场方面，2020年，以双边计，法人客户与个人客户成交量分别为41.96亿手和78.62亿手，同比分别增加80.05%与42.58%。法人客户和个人客户成交金额分别为327.10万亿元和547.66万亿元，同比分别增加74.53%和39.06%。法人客户成交金额占比37.39%，较2019年增加5.15个百分点。期权市场方面，2020年，以双边计，法人客户与个人客户成交量分别为13.64亿手（张）和10.10亿手（张），同比分别增加109.80%和48.50%。法人客户和个人客户成交金额分别为13 166.20亿元和7 503.83亿元，同比分别增加208.72%和133.07%。法人客户成交金额占比63.70%。

健全期货、期权市场品种体系。2020年共上市液化石油气、低硫燃料油、短纤、国际铜、动力煤等12个期货和期权品种，期权和能化类品种体系短板得以弥补。批准大连商品交易所开展生猪期货交易。品种上市机制进一步完善，铝、锌等6个期权打包上报、集中审批、批量上市，液化石油气品种首次实现期货与期权同步上市。

表3-5　　各交易所交易品种

交易所	交易品种
上海期货交易所	铜、铝、锌、铅、锡、镍、黄金、白银、螺纹钢、线材、热轧卷板、燃料油、石油沥青、天然橡胶、原油、纸浆、不锈钢、20号胶、低硫燃料油、国际铜期货；铜、黄金、橡胶、铝、锌期权
郑州商品交易所	强麦、普麦、棉花、白糖、早籼稻、粳稻、晚籼稻、菜籽油、油菜籽、菜籽粕、鲜苹果、精对苯二甲酸（PTA）、甲醇、玻璃、动力煤、硅铁、锰硅、棉纱、尿素、纯碱、红枣、短纤期货；白糖、棉花、甲醇、精对苯二甲酸（PTA）、菜籽粕、动力煤期权
大连商品交易所	玉米、玉米淀粉、黄大豆1号、黄大豆2号、豆粕、豆油、棕榈油、鸡蛋、胶合板、纤维板、线性低密度聚乙烯（LLDPE）、聚氯乙烯（PVC）、聚丙烯（PP）、焦炭、焦煤、铁矿石、乙二醇、苯乙烯、粳米、液化石油气（LPG）期货；豆粕、玉米、铁矿石、线性低密度聚乙烯（LLDPE）、聚氯乙烯（PVC）、聚丙烯（PP）、液化石油气（LPG）期权
中国金融期货交易所	沪深300股指期货、上证50股指期货、中证500股指期货、5年期国债期货、10年期国债期货、2年期国债期货、沪深300股指期权
上海证券交易所	华夏上证50ETF期权、华泰柏瑞沪深300ETF期权
深圳证券交易所	嘉实沪深300ETF期权

资料来源：中国期货市场监控中心、上海证券交易所、深圳证券交易所。

图3-8 期货市场成交量及成交金额走势（2010—2020年）

资料来源：中国期货市场监控中心。

表3-6　　　　　　　　　期货和期权的成交量、成交额及其同比变化

类型	期货				期权			
	成交量（亿手）	成交量同比（%）	成交额（万亿元）	成交额同比（%）	成交量（亿手）	成交量同比（%）	成交额（亿元）	成交额同比（%）
商品类	59.28	53.78	322.00	45.72	1.09	168.56	1 122.66	236.86
金融类	0.99	48.66	115.30	65.61	10.78	72.76	9 212.18	170.04
合计	60.27	53.70	437.30	50.49	11.87	78.50	10 334.84	176.17

资料来源：中国期货市场监控中心、上海证券交易所、深圳证券交易所。

市场主体建设取得新突破。广州期货交易所筹备组于10月9日正式成立。中证商品指数有限责任公司完成审批注册。按照"试点先行"的原则，稳妥有序做好期货公司恢复设立工作。山东港信期货有限公司于12月2日获批，为行业清理整顿后首家新设期货公司。

持续完善期货市场规则体系。推动银行、保险资金参与期货市场，允许试点商业银行和保险机构参与国债期货交易。五大商业银行成为中国金融期货交易所会员，保险机构入市工作有序推进。积极配合做好期货法立法工作。修订《期货交易所管理办法》《期货公司董事、监事和高级管理人员任职资格管理办法》《期货公司保证金封闭管理办法》《期货市场客户开户管理规定》等一批基础性制度。公布《期货公司境外子公司备案事项服务指南》。修订《2020年度期货公司分类评价操作指引》。持续推进规章制度系统性清理工作，全年废止规范性文件2件、监管工作指引4件。审核批准大连商品交易所、中国金融期货交易所、上海国际能源交易中心修改章程和交易规则4项。完成期货交易所修改规则事前报告24项，涉及业务细则71个。

基金市场

公募基金

截至2020年末，全国基金管理人管理公募基金规模19.91万亿元，存续产品7 490只（见表3-7）；基金公司及其子公司私募资产管理业务规模7.9万亿元；受托管理社保基金规模1.37万亿元；受托管理基本养老金规模5 876.5亿元；受托管理年金（含企业年金、职业年金）规模1.40万亿元。全年完成1 412只产品注册。

表3-7　2020年末证券投资基金数　（单位：只）

封闭式	开放式						合计
	股票型基金	混合型基金	货币市场基金	债券型基金	QDII	其他	
1 086	1 289	3 030	324	1 569	166	26	7 490

资料来源：中国证券投资基金业协会。

私募基金

截至2020年末，基金业协会已备案私募基金96 852只，管理基金规模15.97万亿元，同比分别增长18.5%和13.4%。其中，私募证券投资基金管理人8 908家，管理正在运作的基金53 793只，管理基金规模3.78万亿元；私募股权、创业投资基金管理人14 986家，管理正在运作的基金40 261只，管理基金规模11.15万亿元；其他基金管理人658家，管理正在运作的基金2 786只，管理规模1.04万亿元。

资本市场经营机构

证券经营机构

截至2020年末，全国共有证券公司138家，证券公司总资产8.90万亿元（未经审计，下同），净资产2.31万亿元，净利润1 575.34亿元。

期货经营机构

截至2020年末，全国共有期货公司149家，注册资本862.51亿元，总资产（含客户资产）9 848.25亿元，净资产1 350.01亿元，客户保证金8 215.82亿元，全年实现净利润86.37亿元。

基金经营机构

公募基金。 截至2020年末，全国共有133家基金管理公司，基金管理公司总资产2 638.00亿元，净资产1 918.00亿元，净利润374.74亿元。2020年全年完成1 412只产品注册。截至2020年末，全行业公募基金管理人管理基金规模19.91万亿元；证券基金经营机构管理的私募资管计划存续规模为16.77万亿元。

私募基金。 截至2020年末，基金业协会已登记私募基金管理人24 561家。私募基金管理人在从业人员管理平台完成注册的全职员工15.79万人，其中取得基金从业资格的员工14.57万人。私募基金管理人平均管理基金规模7.53亿元。

证券投资咨询机构

截至2020年末，全国共有83家证券投资咨询机构，证券投资咨询机构总资产142.44亿元，营业收入97.29亿元，净利润10.03亿元。

中介服务机构

2020年7月24日，证监会发布《证券服务机构从事证券服务业务备案管理规定》，自2020年8月24日起施行。律师事务所从事证券法律业务备案工作有序开展。截至2020年末，共有287家律师事务所完成首次备案。

截至2020年末，已完成证券服务业务备案的会计师事务所54家，分布在北京、上海等13个省（直辖市、自治区）；分所858家，分布在全国各省（直辖市、自治区）；注册会计师3.31万人，约占全国注册会计师的30.06%。

截至2020年末，已完成证券服务业务备案的资产评估机构102家，分布在北京、上海等17个省（直辖市、自治区）；分支机构522家，分布在除青海省外的全国各省（直辖市、自治区）；资产评估师6 595人，约占全国资产评估师人数的16.23%。

截至2020年末，通过从事证券服务业务备案的证券评级机构12家，证券评级机构总收入26.18亿元。其中，来自交易所市场的收入10.59亿元，总利润9.59亿元，总资产33.94亿元。

服务实体经济

支持抗疫复产

助力科技创新

服务脱贫攻坚

支持绿色发展

支持抗疫复产

推出抗疫特别政策。 中国证监会按照国务院金融委"稳预期、扩总量、分类抓、重展期、创工具"的方针，会同人民银行等部门联合发布《关于进一步强化金融支持防控新型冠状病毒感染肺炎疫情的通知》，特殊时期做出特别政策安排，为受疫情严重影响的地区、企业、投资者尽快渡过难关全力提供金融支持。

促进多层次资本市场支持抗疫复产。 2020年春节后，资本市场如期正常开市交易，发挥良好预期引导作用。对于注册在湖北等疫情严重地区的相关企业以及募集资金主要用于疫情防控领域的企业，实施股票发行、并购重组、新三板挂牌、公司债券、资产支持证券发行绿色通道政策，优化工作流程，实行"专人对接，专项审核"。鼓励期货行业创设"口罩期权""手套期权""消毒液期权"等场外工具，支持防疫生产企业稳定现货供应价格，保障防疫物资生产。鼓励私募基金管理人发挥专业优势，引导更多社会资金流向与防疫抗疫相关的医疗设备、疫苗药品研发生产类企业。

对受疫情影响公司延长业务办理时限和减免费用。 灵活妥善调整企业信息披露等监管事项，允许受疫情影响的上市公司、挂牌公司、公司债券发行人延期披露年报。优化证券发行和挂牌业务流程，鼓励通过线上提交发行材料，远程办理备案、注册等，提高服务效率。适当放宽并购重组业务相关时限，合理延长股票、债券融资等相关业务许可有效期。免收湖北省上市公司、挂牌公司应向证券交易所、全国中小企业股份转让系统缴纳的2020年度上市年费和挂牌年费。免除湖北省期货公司应向期货交易所缴纳的2020年度年会费和席位费。对疫情严重地区的证券基金期货经营机构，适当放宽相关风控指标监管标准。

积极倡导上市公司和证券期货行业履行社会责任。 组织相关协会向行业机构、上市公司发出倡议，号召市场各方积极履行社会责任，通过向疫区捐款捐物等多种方式支持疫情防控工作。共有约1 200家上市公司捐赠款物，累计折合资金投入超过75亿元。证券公司、期货公司、公募基金公司和私募机构捐款捐物约9亿元。

专栏：交易所疫情防控公司债券有效支持抗疫复产

2020年，交易所对注册地在湖北等疫情严重省（自治区、直辖市）的企业及债券募集资金用于疫情防控相关领域的，建立债券发行服务绿色通道，切实做好疫情防控融资服务工作。

2月11日，由华金证券、中银国际证券担任主承销商的东阳光科技公开发行2020年公司债券（第一期）（疫情防控债）在上交所成功发行，这是首单在交易所发行的疫情防控债。根据《广东东阳光科技控股股份有限公司公开发行 2020年公司债券（第一期）（疫情防控债）（面向合格投资者）发行公告》，广东东阳光科技控股股份有限公司公开发行 2020年公司债券（第一期）（疫情防控债）（面向合格投资者）发行规模不超过2亿元（含2亿元），票面利率为5.98%。

2020年，交易所债券市场共发行疫情防控债券2 454.67亿元，其中疫情防控公司债券173只，融资1 733.61亿元，疫情防控资产支持证券125只，融资721.06亿元，用于防护及医疗物资采购生产及运输、防疫基础设施及医院施工建设、民生保障、物价稳定等疫情防控领域，全力支持疫情防控和经济社会发展。

助力科技创新

坚守科创定位，支持和鼓励更多"硬科技"企业在科创板上市。 制定并发布《科创属性评价指引（试行）》，进一步明确科创属性企业的内涵和外延，提出科创属性具体的评价指标体系。制定并发布《科创板上市公司证券发行注册管理办法（试行）》，明确发行上市审核和注册程序，精简优化发行条件。2020年，科创板145家公司完成首次股票发行，融资2 226亿元。

完善多层次资本市场体系，提升服务科技创新能力。 创业板改革并试点注册制成功落地，改革后创业板将定位为深入贯彻创新驱动发展战略，适应发展更多依靠创新、创造、创意的大趋势，主要服务成长型创新创业企业，支持传统产业与新技术、新产业、新业态、新模式深度融合。创业板注册制以来至2020年末，63家公司首发上市，融资合计660.33亿元。全面深化新三板改革，着眼于解决创新型、创业型、成长型中小企业投融资对接的难题，以建立转板制度为牵引，采取设立精选层、引入向不特定合格投资者公开发行机制、实行连续竞价交易、降低投资者门槛等一系列改革措施。2020年，上述主要改革措施陆续落地实施。全年39家高新技术企业在新三板公开发行股票，融资100.42亿元；475家高新技术企业定向发行股票505次，融资149.30亿元。

进一步拓宽创新创业企业债券融资渠道。 2020年9月，与人民银行等六部委共同制定《关于加强和改进科技创新金融服务的指导意见》，明确支持更多成长期、成熟期科技型企业和科技创新园区企业在债券市场融资；鼓励非上市科技型企业发行转股条件的创新创业公司债券；将创新创业公司债券发行主体范围扩大至募集资金专项用于支持创新创业企业的发行人。2020年，创新创业公司债券累计发行22单，发行规模125.20亿元。

引导创业投资基金投早投小投科技。 修订《上市公司创业投资基金股东减持股份的特别规定》，优化创投基金"反向挂钩"减持政策，放宽享受差异化减持政策的标准，简化有关申报程序，促进创业投资基金更便捷退出，实现"投资 — 退出 — 再投资"良性循环，推动创业投资基金扶持具有发展潜力的科技创新企业。截至2020年末，共397只创业投资基金享受反向挂钩政策优惠。

专栏：证监会发布科创板科创属性评价指标体系

为进一步贯彻落实党中央国务院关于科创板建设的部署要求，落实科创定位，更好地支持和鼓励"硬科技"企业在科创板上市，加速科技成果向现实生产力转化，促进经济发展向创新驱动转型，根据《关于在上海证券交易所设立科创板并试点注册制的实施意见》和《科创板首次公开发行股票注册管理办法（试行）》，中国证监会制定了《科创属性评价指引（试行）》（简称《指引》），并于2020年3月20日发布。

《指引》进一步明确了科创属性的企业的内涵和外延，提出科创属性具体的评价指标体系。科创属性评价指标体系采用"常规指标＋例外条款"结构，包括3项常规指标和5项例外条款。企业如同时满足3项常规指标要求，即可认为具有科创属性；如不同时满足3项常规指标要求，但是满足5项例外条款的任意1项，也可认为具有科创属性。这种指标体系的设计在确保科创属性评价过程具有较高可操作性的同时，又保留了一定的弹性空间，体现增强资本市场对科技创新企业包容性的改革导向。

3项常规指标分别是"研发投入金额或研发投入占营业收入比例""发明专利""营业收入或营业收入复合增长率",主要侧重反映企业的研发投入、成果产出及其对企业经营的实际影响,能够较为全面地衡量企业研发投入产出及科技含量。其中"最近3年研发投入占营业收入比例5%以上或最近3年研发投入金额累计在6 000万元以上""形成主营业务收入的发明专利5项以上"和"最近3年营业收入复合增长率达到20%或最近1年营业收入金额达到3亿元"等具体数据指标的选取,是在对已上市、已申报科创板企业的情况以及正在辅导备案环节企业统计分析的基础上,经反复测算、综合权衡确定的。相关数据指标的设定进一步强化了科创板企业应有的科技创新属性,既体现了坚守科创板定位的总体要求,又与我国企业和科技发展的实际情况相适应。

5项"例外条款"主要是对《科创板首次公开发行股票注册管理办法(试行)》中"优先支持符合国家战略,拥有关键核心技术,科技创新能力突出的企业到科创板发行上市"的进一步细化和落实,是对3项常规指标的进一步补充,在实践中会从严把握。

服务脱贫攻坚

推动定点扶贫县全部摘帽。 中国证监会以习近平总书记关于扶贫工作的重要论述为指导,把扶贫工作作为崇高的政治责任,统筹全系统全行业力量,充分发挥资本市场作用服务脱贫攻坚,9个定点扶贫县已经摘帽。

持续支持贫困地区企业上市融资。 在坚持标准不降、程序不减的基础上,持续对贫困地区企业上市、债券融资、新三板挂牌等提供政策支持。2020年,通过首发上市审核的贫困县企业8家,募集资金62.31亿元;交易所债券市场支持贫困地区企业发行公司债及资产支持证券共39只,融资金额229.10亿元;截至2020年末,新三板累计服务贫困地区挂牌公司305家,覆盖22个省份、194个区县;175家贫困地区挂牌公司融资209.11亿元。

继续稳步扩大"保险+期货"试点。 在26个省(自治区、直辖市)开展了210个试点项目,涉及玉米、豆粕、鸡蛋、白糖、红枣、苹果、棉花、天然橡胶等8个品种及饲料和养殖类商品指数等,推动61家期货公司与13家保险公司合作参与,保障现货规模468万吨,承保土地1 052万亩,惠及86万农户、35万建档立卡贫困户。

积极推动市场主体参与扶贫。 截至2020年末,共有102家证券公司累计结对帮扶307个贫困县,帮助贫困地区融资2 500亿元;113家期货机构累计与242个贫困地区签署了455份结对帮扶协议,投入资金6.11亿元;13家基金管理公司设立了专门的慈善基金会,15家基金机构设立了专项扶贫基金;1 287家上市公司在2019年年报中披露了扶贫工作情况,共投入扶贫资金489.18亿元。推动证券捐赠业务优化工作落地,发布《证券非交易过户业务实施细则(适用于继承、捐赠等情形)》,支持慈善事业健康发展。

专栏:坚决打好脱贫攻坚战,多举措推进定点扶贫工作

中国证监会以落实中央单位定点扶贫责任书为底线任务,加强组织领导,严格督促系统各帮扶单位和扶贫干部克服新冠肺炎疫情影响,确保年度各项帮扶措施落实到位,全力支持9个县如期完成收官任务。

抓好责任书落实。 证监会超额完成责任书承诺的各项任务,完成对定点扶贫县投入资金7 149.57万元,引进帮扶资金6 715.68万元,培训基层干部2 729名,培训技术人员6 062名,购买贫困地区农产品482.86万元,帮助销售贫困地区农产品2 017.52万元。

打造消费扶贫平台。 10月20日,证监会举办了资本市场"一县(司)一品"线上展销活动,主题是探索建立稳定脱贫长效机制,强化产业扶贫。活动以"一果连四方"为扶贫公益品牌,动员行业资源和力量,组织48家资本市场相关单位、76个帮扶县、180多家扶贫企业,在工商银行、农业银行、中国银行、建设银行,以及京东商城、腾讯为村、中航亿通、中粮我买网、本来生活等电商平台同时开通了"资本市场扶贫专区",集中推广销售定点扶贫县的名优产品。

做好扶贫扶智工作。 资本市场学院将扶贫培训作为精品培训课程,组织学员系统学习中央扶贫政策,掌握扶贫工作规律,进一步强化党性修养,提升解决实际问题能力。克服因疫情现场教学不便的影响,资本市场学院开展了4期线上培训,向定点帮扶的9个贫困县和资本市场各类主体结对帮扶的贫困县干部和企业家、致富带头人等宣讲资本市场融资政策和知识,累计培训6.4万人次,单课最高收看突破8 000人次。

支持绿色发展

支持符合条件的绿色企业融资。 2020年，沪深交易所支持生态环保和环境治理行业的企业首发上市融资及再融资共计229.49亿元。2020年，共39家绿色技术类挂牌公司在新三板定向发行股票41次，融资7.16亿元。

大力发展绿色公司债券市场。 2020年，交易所市场累计发行绿色债券（含ABS）105单，发行规模905.82亿元。与人民银行、发展改革委共同修订《绿色债券支持项目目录（2015年版）》，形成《绿色债券支持项目目录（2020年版）》。

强化上市公司环境信息披露监管。 以环境信息披露监管为抓手，着力提升上市公司环境信息透明度，超过1 000家上市公司在2019年年报或可持续发展报告中披露了相关环境信息。

积极促进ESG投资。 修订《证券公司分类监管规定》，将社会责任履行情况纳入分类评价范畴，对支持绿色债券发行取得良好效果的证券公司给予加分。中证指数有限公司于2020年12月3日正式发布ESG评价方法。截至2020年末，我国绿色主题的公募基金共计88只，规模合计1 950.46亿元，涵盖ESG、环保、低碳、新能源等主题。

发展绿色金融指数。 2020年，中证指数有限公司发布12条ESG、可持续发展、环保产业、新能源、新能源汽车等绿色金融指数，其中股票指数9条，债券指数3条。截至2020年末，中证指数有限公司累计发布59条绿色指数，其中股票指数47条，债券指数12条。

专栏：中证指数有限公司正式发布ESG评价方法

为满足市场参与者对上市公司环境、社会责任和公司治理等方面的评价需求，助力绿色金融体系建设，贯彻落实我国绿色发展整体战略，中证指数有限公司于2020年12月3日正式发布中证ESG评价方法。

ESG是可持续发展理念在企业微观层面的反映。近年来，ESG投资备受市场各方关注，已经成为资产管理领域的重要发展趋势之一。中证ESG评价方法立足本土市场实际，客观反映企业在ESG维度的基本面信息，是完善企业运营和投资管理的有力工具。

中证ESG评价方法综合考虑上市公司行业特点与信息质量，由环境（E）、社会（S）和公司治理（G）3个维度、14个主题、22个单元和100余个底层指标构成。评价基础数据来自上市公司年报、上市公司社会责任报告、政府机构及权威媒体发布的各类相关信息等公开披露信息。

中证ESG评价方法特点在于：一是在兼顾联合国可持续投资原则等国际惯例的同时，注重本土实际，选取扶贫等指标关注发展与民生问题，选取责任贡献指标来关注企业对社会整体的贡献等；二是评价体系具有清晰的风险与收益传导效应，可投资性较高，是一套面向投资的专业化评价体系。指标为客观定量指标，既涵盖股票质押、违规担保等反映公司质量的投资指标，也具有绿色收入和每股社会贡献值等一批特色创新定量指标；三是同时关注ESG风险因素与机遇因素。在考察ESG风险时，注重企业在改善风险方面的投入和效果，尤其是新能源等行业面临的重要发展机遇。

市场监管与法治

强化日常监管

稽查执法和打非清整

防范化解金融风险

资本市场法治建设

强化日常监管

深化行政审批制度改革

推进核准制向注册制平稳过渡，制定发布创业板首发、再融资注册管理办法等规则，制定并组织实施创业板首发再审企业平移方案。优化并购重组审核安排，进一步拓宽"小额快速"审核通道，调整配套融资安排，增强并购重组直接融资支持。贯彻落实"放管服"改革要求，会同有关部门制定证券服务机构、会计师事务所、资产评估机构从事证券服务业务的备案规定，开发备案系统，强化备案管理和与财政部的信息共享，切实减轻备案负担。优化新三板行政许可审核机制，充分发挥全国股转公司自律管理职能，需要履行行政许可程序的，由全国股转公司先行审查，证监会在全国股转公司出具的自律监管意见基础上进行核准。简化行政许可申报文件，修订《非上市公众公司监管指引第4号——股东人数超过200人的未上市股份有限公司申请行政许可有关问题的审核指引》，取消提交企业法人营业执照等要求。

强化交易所股票市场监管

修订《证券交易所管理办法》、沪深交易所交易规则、ETF基金细则等制度规则，召开沪深交易所会员大会并修订章程。修改证券交易所新品种上市的豁免清单，废止《关于证券交易所报告制度的若干规定（试行）》。修订股票上市规则、发布重大资产重组审核规则等配套文件，优化信息披露、公司治理、并购重组、股权激励、退市等制度。落实创业板投资者适当性管理，加强上市初期的监测分析和异常情况应对。

加强上市公司规范运作监管

加强上市公司财务信息披露监管。 研究红筹企业境内上市财务报告信息披露方案，修订并发布《公开发行证券的公司信息披露编报规则第24号——注册制下创新试点红筹企业财务报告信息特别规定》。就典型会计问题及监管口径整理并发布《监管规则适用指引——会计类第1号》，指导上市公司财务信息披露行为。进一步明确收入等新会计准则的实施口径，推动新准则平稳过渡。分类抽样审阅924家上市公司年报，关注重要和疑难会计准则及相关信息披露规范的执行问题并整理发布《2019年上市公司年报会计监管报告》，引导上市公司切实提高财务信息披露质量。

开展上市公司治理专项行动。 贯彻落实国务院《关于进一步提高上市公司质量的意见》任务要求，全面启动上市公司治理专项行动，拟通过2年努力，通过公司自查、现场检查、督促整改3个阶段，抓重点、补短板、强弱项，使上市公司治理整体水平得到提高，夯实上市公司高质量发展的基础。发布上市公司专项自查清单，共七大部分119个问题，组织上市公司围绕公司治理全链条和上市公司突出问题认真自查，督促上市公司将整改薄弱问题和提升治理水平结合起来，以整改促提升，形成上市公司规范治理的长效机制。从严从重打击上市公司财务造假等违法违规行为。以问题和风险为导向，统筹上市公司现场检查，截至2020年末，各地证监局共开展现场检查954家次，采取行政监管措施612家次；沪深交易所采取自律监管措施10 754家次，采取纪律处分措施235家次。

加强非上市公众公司监管

实施分类监管，聚焦重点公司、重点事项，加大日常监管和年报现场检查力度，促进挂牌公司提高信息披露质量。发布7项信息披露内容与格式准则，明确挂牌公司定期报告披露要求，健全差异化信息披露体系。加强监管协作与资源共享，通过开展联合现场检查、监管协调会等方式，促进证监局与全国股转公司之间的资源与信息共享，凝聚监管合力。严守监管底线，强化监管执法，严格防范财务造假、违规披露、资金占用、违规担保等违法违规行为，加大违法违规行为查处力度，推动新三板市场稽查执法工作规范化。继续健全非上市公众公司监管系统，完善基础数据，优化系统功能，着力提升科技化监管水平。

加强交易所债券市场监管

对城投、地产及其他企业实施分类管理，明确城投企业、地产企业发行公司债券的准入标准，落实防范化解地方政府隐性债务风险工作要求及房地产市场调控政策。统筹制定发行准入监管标准，并以适当方式对外公开，消除"口袋政策"，提高监管透明度，优化债券市场结构，提升发债企业总体质量。加强公司债券发行人现场检查，针对检查发现的问题，对发行人采取行政监管措施26家次，对受托管理人等中介机构采取行政监管措施6家次。

强化期货市场日常监管

面对全球大宗商品市场剧烈波动，采取分批分品种上调涨跌停板幅度和交易保证金比例等一系列措施，保障市场平稳运行。根据新冠肺炎疫情发展情况，适时暂停、恢复期货夜盘交易。切实解决期货交易所间结算风险传导问题，持续完善异常情况下的风险处置流程和应急预案，确保故障期货交易所不影响其他期货交易所正常开市，防止出现连锁反应。2020年各期货交易所针对58个品种共计调整涨跌停板或保证金比例63次。为抑制市场过热，上调铁矿石、动力煤、白银、燃料油等23个品种手续费标准。期货市场监控中心共向19家证监局发送预警信息65份，涉及80家期货公司。对各类异常交易行为加大排查力度，查处涉嫌自成交、频繁报撤单等异常交易行为2 460次，相关监管问询及谈话716次，限制开仓404人次，全年新增认定实控关系账户3 499组，新增重点监控账户380组。

加强资本市场经营机构监管

促进资本市场经营机构持续规范发展。 发布《证券公司风险控制指标计算标准规定》，进一步增强证券公司风控指标体系的有效性和适应性。发布《关于修改〈证券公司分类监管规定〉的决定》，适应证券行业发展状况和审慎监管需要，优化分类评价指标体系。发布《公开募集证券投资基金投资全国中小企业股份转让系统挂牌股票指引》和《公开募集证券投资基金侧袋机制指引（试行）》等文件，进一步规范公募基金投资新三板挂牌股票行为，提高公募基金流动性风险防控能力，保护投资者合法权益。

加强资本市场经营机构日常监管。 完成2020年公司债券及资产支持证券业务现场检查，对14家次中介机构及责任个人采取行政监管措施。首次公布公司债券业务执业能力评价结果。落实"负面清单"管理，指导沪深交易所将7家承销公司债券违约比例较高且执业质量较差的机构列入"负面清单"。整治低价承销乱象，对责任机构采取自律监管措施8家次。加强期货公司风险监管指标日常监测。以问题和风险为导向，统筹开展2020年度期货公司现场检查工作。稳步推进期货公司监管综合系统（FISS）升级工作，优化期货公司风险监管报表，增加财务明细数据和风险管理子公司风险监测指标体系模块。强化程序化交易监管，督导期货公司部署文华财经等云端交易中继服务器，落实客户指令直达期货公司的监管要求。

加强中介机构监管

开展对从事证券服务业务会计师事务所、资产评估机构和评级机构的日常监管。 发布《2019年度证券审计市场分析报告》和《2019年度证券资产评估市场分析报告》，引导会计师事务所和资产评估机构规范执业。加大对会计师事务所从事证券服务业务的信息公开力度，推动交易场所修订完善上市公司、挂牌公司聘任会计师事务所公告格式，提高审计机构及其选聘透明度，增强社会监督，推动构建优胜劣汰的良性审计市场生态。对2家会计师事务所和2家资产评估机构开展全面检查，对11个审计项目、7个评估项目开展专项检查，对82个资金占用审计项目开展专题检查；各证监局结合辖区实际自主对217个审计项目、37个评估项目进行了检查。根据检查情况，共对114家次会计师事务所、36家次评估机构、255人次注册会计师、76人次资产评估师采取了行政监管措施。对评级机构采取行政监管措施4家次，其中对东方金诚采取责令改正、3个月内不得承接新的证券评级业务的措施。

加大对律师事务所及律师从事证券法律业务监管力度。 发布《证券服务机构从事证券服务业务备案管理规定》，自2020年8月24日起施行。发布《监管规则适用指引——法律类第1号》，细化律师事务所备案要求。截至2020年末，共有287家律师事务所完成首次备案。2020年全年办理20余件证券法律业务违法违规案件，对17名律师采取行政监管措施，净化证券法律业务行业生态环境。

提升科技监管能力

大力推进科技监管，围绕"数据让监管更加智慧愿景"，各项工作全面展开并取得阶段性成果。完成机构调整，组建科技监管局，形成科技监管局、信息中心为一体，中证数据有限公司、中证信息技术服务有限公司为两翼的科技监管组织构架，统筹开展资本市场科技监管。建立健全科技监管体系，落实新《证券法》有关规定，发布信息技术系统服务机构备案管理相关规范文件3件，规范促进金融科技发展，切实保障资本市场技术系统安全稳定运行。狠抓"四大工程"，通过优化"一张网"、筹建"一片云"、整合"一个库"、打造"一班人"强化基础工程建设。大力推动上市公司监管、私募基金监管、稽查案管等监管信息系统重点项目落地见效，基本实现行政许可等政府服务"一网通办"，服务资本市场改革创新。打造金融行业领先的自主区块链底层平台，在北京、上海、江苏、浙江、深圳5地开展区域股权市场应用试点，探索新一代信息技术在金融领域的创新应用。

稽查执法和打非清整

加大稽查执法力度，依法从严打击证券违法活动

依法从重从快从严打击资本市场欺诈、造假等重大违法行为，保护投资者合法权益，维护资本市场稳定健康发展。全年共受理违法违规有效线索435件（见图5-1），启动调查353件，新增立案案件282件，办结立案案件344件。

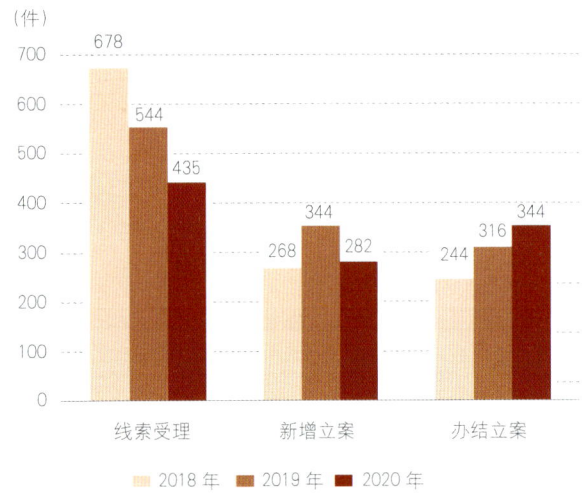

图5-1　2018—2020年案件办理总体情况

资料来源：中国证监会。

严厉打击重大信息披露违法。立案调查信息披露违法、中介机构违规案件97件（见图5-2）。组织开展打击上市公司财务造假专项执法工作，严肃查处了康得新、康美药业、獐子岛、东方金钰、索菱股份等一批财务造假典型案件。坚持一案双查，对15起中介机构未勤勉尽责、出具虚假报告等案件立案调查。

坚决查办恶性操纵市场及内幕交易。立案调查内幕交易案件66件、操纵市场51件。对天山生物、王府井、格力地产等股票异常交易展开调查。集中查办一批上市公司实际控制人内外勾结操纵本公司股票典型案件，查处汪某元父女内幕交易健康元股票、张秋菊等11人内幕交易易见股份"窝案"。

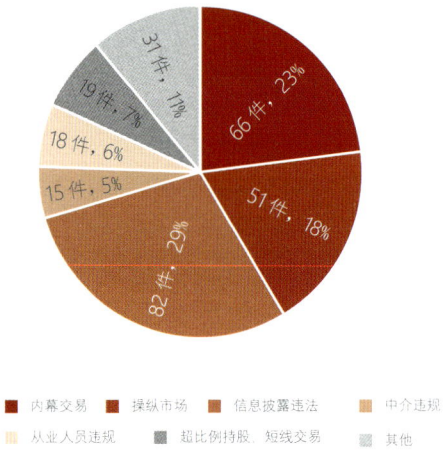

图5-2　2020年立案案件类型分布

资料来源：中国证监会。

快查快办市场高度关注的重大案件。坚决打击债券市场重大违法行为，对华晨集团、永煤控股信息披露违法等重大案件立案调查，切实维护债券市场良好生态和信用环境。严肃查办太一云实际控制人涉嫌操纵市场、蓝山科技涉嫌信息披露违法等新三板市场违法行为。

强化执法合力，完善执法协作机制

全年向公安机关移送8个批次共计99起涉嫌证券期货犯罪案件，通报17起涉嫌犯罪线索，数量创历年新高。不断优化与公安机关的执法合作机制，在联合调查、情报导侦、分析研判等方面拓展合作的广度和深度。完善与审计署、银保监会、工信部等部委的执法协作机制，加强在案件线索发现、信息数据协查等方面的协同配合。强化债券市场统一执法机制，会同人民银行、发展改革委等单位共同研究处理债券市场违法行为。加强反洗钱监管协作，与人民银行签署关于加强证券期货基金业反洗钱监管工作的合作方案，进一步深化在反洗钱风险评估、联合检查等方面的合作机制。持续开展与香港证监会的执法合作，办理涉外协查请求94件，其中对港提出协查请求10件，与香港证监会召开第十次执法合作工作会议。

依法履行行政复议、应诉职责

全年共办理行政复议案件501件（含往年结转43件），已办结行政复议案件469件。其中，驳回或维持436件，撤销、变更或确认违法5件，出具行政复议意见建议书3份，督促规范执法。妥善化解行政争议，30件案件当事人主动撤回复议申请。加强统筹协调指导，凝聚证监会系统力量，保障应诉工作成效。共办理行政应诉案件208件（含往年结转51件），通过出庭应诉进一步巩固和确认证监会监管执法原则和标准。

强化清理整顿与打非工作

清理整顿各类交易场所。组织召开清理整顿各类交易场所部际联席会议第五次会议，总结通报清理整顿各类交易场所攻坚战工作进展情况，部署下一阶段攻坚战工作任务。

严厉打击非法证券期货活动。精准遏制体系化规模化场外配资，分辖区、分批次曝光576个场外配资平台，通过证监会官网集中曝光258个场外配资平台，协调清理、关闭982个场外配资广告和网站，督促证券公司核查处置806个疑似场外配资证券账户。推动公安机关侦办重庆撮合网等19起场外配资大要案，抓捕犯罪嫌疑人700余人，涉案金额约100亿元，切断多个跨区域场外配资黑色产业链，有效化解近年来资本市场场外配资风险顽疾。积极稳妥开展重点领域非法活动专项整治行动，强力打击"股市黑嘴"、非法荐股，严厉查处股市"杀猪盘"，有效治理"黑群""黑App"乱象，维护了资本市场良好生态。创新开展以"理性投资，远离非法证券期货陷阱"为主题的全国防非宣传月活动，突出线上宣传，覆盖群众超5亿人次。

防范化解金融风险

防范化解资本市场重大风险取得积极成效

全面总结打好防范化解重大金融风险攻坚战阶段性工作成果及经验，对"十四五"时期继续做好相关工作做出全面部署，明确职责分工和时间表，确保各项工作任务落实落地。提升风险应对和应急响应能力，对特殊时点、特殊事件可能出现的风险预研预判，坚持尊重市场规律，注重发挥市场内生机制作用，切实维护市场稳定运行。面对新冠肺炎疫情的严峻冲击，经过充分研究论证、反复权衡利弊，A股市场于2020年春节后正常开市，经历短暂调整后迅速企稳回升，释放出我国经济金融体系正常运行的重要信号。

建立健全有重点、全覆盖的资本市场监测体系

从A股入市资金流向、市场交易行为、杠杆资金规模、投资者情绪、重点领域风险等多维度，健全监测预警指标体系，实现资本市场运行和风险监测360度全覆盖。提升风险监测预警能力。推进监管信息系统建设，加强数据整合，完善风险监测指标体系，综合应用大数据、人工智能等科技手段，逐步实现由"人工排查"向"数据排查"的转变。强化对重点环节风险的监测监控，不断提高风险线索发现能力。有效提升科技监管水平，推进证券期货业中央监管信息平台、中央监控系统建设，强化监管数据整合和统计分析，加强对市场运行、违法违规行为的动态监测。

股票质押风险进一步缓释

针对股票质押违约处置涉及的协议转让规则进行优化，适度放宽转让比例和折扣价格限制，便利风险市场化出清；建立股票质押风险防范指标体系和月度监测机制，实现场内外风险数据月度交换。股票质押主要风险指标呈现持续下降趋势，截至2020年末，有2 632只个股涉及股票质押融资业务，质押个股家数占上市公司总家数的64%，较2018年初下降35个百分点，"无股不押"局面明显改观；质押融资余额1.84万亿元，较2018年末减少26%，质押市值占A股市值比例较2018年末下降4.3个百分点；履约保障比从181%上升到244%。

积极防控化解债券违约风险

强化以受托管理人为抓手的多层次信用风险防范体系，严格追究债券受托管理人风险监测不力的责任。加强风险监测排查，在动态台账制度的基础上，对弱资质国企等重点领域的发行人重点排查，加强债券市场全面监测。与相关部门和地方政府密切配合，妥善应对处置华晨、永煤、方正等债券违约事件，严密防范债券违约风险跨区域、跨行业、跨市场交叉传染。持续做好资产证券化业务风险防控工作，提高对特定区域、行业和基础资产类型项目的排查频次和力度。截至2020年末，交易所市场公司债券近12个月滚动违约率为1.04%，资产支持证券存续违约率为0.25%，近12个月滚动违约率为0.087%，违约风险总体呈平稳态势。

全面防控私募基金风险

组织开展私募基金风险排查，分类施策，积极稳妥化解处置行业风险。推动建立部际联动、央地协作的私募基金风险防范化解工作机制，统筹推进私募基金行业整治工作。2020年专项检查378家私募机构，对144家采取行政监管措施，移送涉嫌违法犯罪线索27家次。与公安机关合作打击私募领域违法犯罪活动，净化行业生态环境。

资本市场法治建设

完善市场基础法律制度

推动《刑法修正案（十一）》顺利出台。形成《企业破产法》修改意见并送立法机关参考，配合立法机关做好《公司法》修改工作。积极推动《期货法》《私募投资基金监督管理条例》《上市公司监督管理条例》和《证券期货行政执法当事人承诺制度实施办法》的制定。推动具有中国特色的证券集体诉讼制度落实落地。推动最高人民法院修订虚假陈述民事赔偿司法解释、推动最高人民法院、最高人民检察院、公安部、证监会联合制定出台《关于进一步规范人民法院冻结上市公司质押股票工作的意见》等。

推动市场法规体系建设

有序推动证券期货规章制度系统性清理工作，2020年分3批集中"打包"清理130件制度文件。聘任资本市场法治建设高级咨询专家，组织开展资本市场基础法律制度相关课题研究。2020年证监会共出台规章31件、规范性文件95件。联合制定《证券服务机构从事证券服务业务备案管理规定》，落实新《证券法》关于证券服务机构从事证券服务业务备案要求。完善上市公司监管制度，优化健全上市公司退市制度，对照新《证券法》，修订《上市公司重大资产重组管理办法》《上市公司收购管理办法》，配合创业板注册制改革，制定《创业板上市公司持续监管办法》。修订《期货交易所管理办法》《期货公司董事、监事和高级管理人员任职资格管理办法》等期货监管的基础性制度。

完善诚信基础设施和监管机制

落实新《证券法》关于证券市场诚信档案相关规定，对《证券期货市场诚信监督管理办法》进行修改完善。引导行业协会落实行业诚信建设措施。在创业板注册制改革领域，推动建立失信信息部际共享与约束机制，督促40名特定严重失信人缴纳罚没款2 000余万元。开展资本市场诚信缺失突出问题专项治理行动。加强资本市场诚信数据库升级建设，强化诚信建设保障。截至2020年末，诚信数据库共录主体信息100.9万余条，包括市场机构7.8万余家和人员93.1万余人，行政许可信息3.28万余条，监管执法信息3.5万余条，另有其他部委诚信信息2 000余万条。进一步做好证券期货市场诚信信息查询公示工作。证监会官网诚信信息查询平台2020年度总查询量达1 460万余次，日均4.15万余次，累计公示12批严重违法失信主体，涉及84家机构、863名人员，为市场主体提供诚信报告查询3 226份。积极推进与国家公共信用信息中心、国家企业信用信息公示平台的互联互通，全年共向国家信用信息共享平台推送资本市场违法失信信息万余条。

保护投资者合法权益

完善投资者保护机制

健全投资者行权维权机制

提升投资者服务水平

加强投资者教育

完善投资者保护机制

制定《关于做好投资者保护机构参加证券纠纷特别代表人诉讼相关工作的通知》，发布《中证中小投资者服务中心特别代表人诉讼业务规则（试行）》。制定《证券期货纠纷调解工作指引》，修订《证券期货投资者适当性管理办法》，修订《中国投资者网管理办法》。落实新《证券法》，起草投资者保护机构业务指引、公开征集上市公司股东权利、研究修订上市公司投资者关系管理、热线规程等规定。

健全投资者行权维权机制

持续开展持股行权。 指导中证中小投资者服务中心共计行权141场，参加重大资产重组媒体说明会、投资者说明会及业绩说明会18场，网上行权18次，发送股东函件101件。累计行使股东权利173次，其中建议权58次、质询权115次。

进一步推进纠纷多元化解。 全国性证券期货专业调解组织（中证资本市场法律服务中心）于2020年5月15日正式揭牌。小额速调机制已覆盖全国所有辖区，签约市场经营机构总数210余家。与最高人民法院共同推动"人民法院调解平台"与"中国投资者网证券期货纠纷在线解决平台"实现数据交换、互联互通，建立协调联动、高效便民的证券期货纠纷在线诉调对接机制。优化调整中国投资者网"在线调解"栏目及功能，为投资者提供便捷的在线调解、在线诉调对接服务。2020年各调解组织共受理调解案件6 100余件，调解成功4 900余件，涉及金额超过8亿元。

积极推动投资者赔偿救济。 指导相关调解组织成功开展方正科技、祥源文化、京天利等"示范判决+专业调解"案例实践，共涉及2 000余名投资者、8家上市公司，为投资者挽回损失1.4亿余元。加大证券支持诉讼工作力度，截至2020年末，投服中心累计提起证券支持诉讼34起、股东诉讼1起，诉求总金额约1.2亿元，累计获赔投资者618人，获赔总金额约5 586万元。

推动投资者保护机构代表人诉讼制度落地。 新《证券法》规定了证券纠纷特别代表人诉讼制度。7月31日，《最高人民法院关于证券纠纷代表人诉讼若干问题的规定》正式发布并实施；同日，证监会发布《关于做好投资者保护机构参加证券纠纷特别代表人诉讼相关工作的通知》，投服中心公布《投服中心证券代表人诉讼业务规则（试行）》，为投保机构代表人诉讼制度的落地实施提供了制度保障。中国投资者网特别代表人诉讼板块已实现多项在线功能。

提升投资者服务水平

提高投资者诉求处理水平。 平稳实施热线投诉直转范围扩大到全国各辖区，办理效率大幅提高，平均办结时间由以前的2—3个月缩短至15个交易日。热线全年共接收投资者有效诉求11万余件，为投资者挽回损失7 800多万元，收到投资者感谢信77封。

完善中国投资者网管理制度，进一步明确运维机制。 办理完成中国投资者网配套微信公众号、微博账号注册主体变更，网站累计发布信息6.2万条。

调整完善投资者保护监管信息系统功能。 建立投保子系统用户分级授权管理模式，升级完善投保数据统计功能，建立投资者数据常态化统计机制。

持续开展投资者调查等服务。 组织开展全国公募基金投资者调查。发布《中国资本市场投资者保护状况蓝皮书》总报告及系列子报告。组织开展市场主体服务电话畅通情况调查，发布《2020年证券期货市场主体电话畅通情况专项调查报告》，组织各行业协会公开发布《畅通服务热线搭建沟通桥梁》倡议书。

做好投资者风险警示。在中国投资者网及交易软件等平台发出风险警示词条,引导投资者理性客观看待疫情影响。开展整治"杀猪盘"专项教育工作,对新入市投资者进行风险提示。

加强投资者教育

开展投资者保护宣传活动。组织以"学习贯彻新《证券法》,保护投资者合法权益"为主题的第二届"5·15全国投资者保护宣传日"活动,活动现场宣布中证资本市场法律服务中心(全国性证券期货专业调解组织)设立并揭牌,宣读第三批全国证券期货投资者教育基地命名决定,组织相关协会联合发出"落实证券法、加强投资者保护"倡议书。证券监管系统各单位同步在全国各地开展了形式多样的投资者保护宣传活动。

围绕资本市场改革创新做好投资者教育。组织开展"诚实守信做受尊敬的上市公司"投资者保护专项行动,持续推进"创业创新共迎发展""走近科创你我同行""三板新风携手向前""理性投资远离非法证券期货陷阱"等专项投资者教育活动。

持续推动投资者教育纳入国民教育体系。截至2020年末,31个省市在高校和职业学校开设证券期货知识课程,22个省市在基础教育阶段的相关学科课程和教材中融入证券期货知识,22家派出机构与地方政府签订合作备忘录等文件。累计开发证券期货学习资源2万余种,举办各类学习活动6万余场,惠及5 100所学校、5 900万学生。

加强投资者教育基地建设和运行维护。鼓励基地创新投资者教育活动方式,拓展投资者教育工作的深度和广度。29家国家级基地合计网站信息量941G,访问量超过2亿人次,投放投资者教育产品7 000多万份,原创投资者教育电子产品点击量近5亿人次,举办投资者教育活动7万多场。

对外开放

资本市场双向开放

国际交流与合作

资本市场双向开放

境内外市场互联互通

沪深港通机制持续完善。沪深港通南向投资者识别码制度于2020年1月13日落地实施。继2019年10月28日不同投票权架构公司股票首次纳入港股通标的后，尚未盈利的在港上市生物科技类公司于2020年12月28日正式纳入港股通标的。双方已就内地科创板股票纳入沪股通标的达成共识。会同香港证监会研究制定沪深港通交易日历优化方案，起草两地证监会联合公告，减少沪深港通交易两地节假日和结算安排对可交易天数的影响。2020年沪深港通成交金额25.98万亿元，其中沪港通、深港通成交金额分别为11.66万亿元和14.32万亿元。沪深股通投资者净买入A股2 089.32亿元。沪深股通A股成交金额21.09万亿元，占全年A股交易总金额的5.10%。截至2020年末，沪深股通投资者持有A股2.34万亿元，占A股流通市值的3.50%，占A股总市值的2.94%。

深港ETF互通产品平稳推出。10月23日，深港ETF互通正式落地实施，首批4只互通产品在深交所和港交所上市交易。截至2020年末，南向ETF（内地投资者投资港交所ETF产品）存量规模约6.21亿元人民币，北向ETF（香港地区投资者投资深交所ETF产品）存量规模约1.16亿元人民币。

中日ETF互通产品运行平稳。截至2020年末，东向ETF（境内投资者投资东京证券交易所ETF产品）存量规模近2.71亿元人民币，西向ETF（境外投资者投资上交所ETF产品）存量规模近6.44亿元人民币。

稳妥推进沪伦通。2020年，中国太保、长江电力和国投电力等3家A股上市公司通过沪伦通机制在伦敦证券交易所发行上市全球存托凭证（GDR），合计融资41.49亿美元。

投融资跨境双向流动

支持符合条件的企业赴境外上市融资。核准42家企业的境外融资行政许可申请，包括22家H股IPO、18家H股再融资和2家沪伦通GDR的申请。30家企业完成境外融资，合计融资1 714.44亿港元，同比增加62%。其中，13家公司完成H股IPO，融资596.09亿港元；14家H股公司完成再融资，融资794.73亿港元；3家A股上市公司完成沪伦通机制下GDR发行，融资41.49亿美元。

全面推开H股"全流通"改革，支持纯H股公司境内发行融资。核准12家企业H股"全流通"申请，其中3家在申请H股IPO时提出，3家在申请再融资时提出，6家单独提出；已完成实施9家，共61.23亿股境内未上市股份转为H股在香港地区上市流通。贯彻落实《非上市公众公司监督管理办法》关于注册在境内的境外上市公司（主要是纯H股公司）境内定向发行股份的监管要求，修改定向发行办事指南，明确办理流程、申请文件，有序开展相关审核工作。截至2020年末，已核准3家纯H股公司境内定向发行股份，涉及融资额203.08亿元。

持续完善资本市场跨境投资制度环境，A股纳入国际知名指数并逐步提升纳入比例。2019年6月，富时罗素首次将A股以5%的因子纳入其全球股票指数系列，并于2019年9月、2020年3月、2020年6月分3步将纳入因子逐步提升至25%。

有序扩大证券期货基金服务业双向开放。自2020年1月1日起，取消期货公司外资股比限制；自2020年4月1日起，取消证券公司和基金管理公司外资股比限制；允许外国银行在华分（子）行申请基金托管资格，落实中美第一阶段经贸协议。2020年7月10日，与银保监会联合修订发布《证券投资基金托管业务管理办法》，允许符合条件的外国银行在华分行和子行申请基金托管资格，净资产等财务指标可按境外总（母）

行计算。2020年，核准设立3家合资证券公司，分别为金圆统一证券、大和证券、星展证券；核准高盛集团增持高盛高华证券股比至51%、摩根士丹利增持摩根士丹利华鑫证券股比至51%、瑞士信贷银行增持瑞信方正证券股比至51%；核准华福证券、建信基金设立香港子公司；核准花旗银行及德意志银行境内子行成为证券投资基金托管机构。截至2020年末，在基金业协会登记的外资私募证券管理人33家，备案基金产品100只，管理规模135.25亿元。从事私募股权投资和创业投资的外资管理机构[①]共256家，管理基金689只，管理规模3 641.82亿元。截至2020年末，共有15家合资证券公司，44家合资基金管理公司，34家证券公司在香港地区、新加坡、老挝，共设立、收购或参股35家经营机构，26家基金管理公司在香港地区设立或收购26家经营机构。

增加期货市场对外开放品种。新增核准低硫燃料油期货、国际铜期货和棕榈油期货作为期货国际化品种对外开放，引入境外交易者参与，对外开放期货品种达到7个。2020年9月18日，上交所与挪威浆纸交易所签署纸浆期货结算价授权协议，挪威方面于10月16日挂牌相关产品，纸浆期货成为我国首个通过结算价授权"走出去"的期货品种。

优化外资参与境内资本市场渠道和方式。2020年9月25日，与人民银行、外汇管理局联合发布《合格境外机构投资者和人民币合格境外机构投资者境内证券期货投资管理办法》，中国证监会同步发布配套规则。新规主要修改内容包括放宽资格准入，便利投资运作，扩大投资范围，加强持续监管等。2020年，批准71家合格境外机构投资者（含人民币合格境外机构投资者，下同）资格。截至2020年末，累计批准558家合格境外机构投资者资格。2020年9月2日，会同人民银行、外汇管理局就境外机构投资者投资中国债券市场有关事宜的公告公开征求意见，拟统一中国债券市场准入标准，优化入市流程，允许已进入银行间债券市场的境外机构投资者投资交易所债券市场，进一步便利境外机构投资者配置人民币债券资产。

扩大对港澳台地区开放

积极推动资本市场扩大对港澳地区开放，支持港澳地区参与"一带一路"和粤港澳大湾区建设，服务和融入国家发展大局。支持香港地区巩固和提升国际金融中心地位，持续推动资本市场对港开放政策落地落实。稳步推进内地与香港地区基金产品互认，2020年共批复北上互认基金6只。截至2020年末，29只获批的北上互认基金中有25只在境内公开销售，合计销售保有净值约172.62亿元。50只获批的南下互认基金中有22只在中国香港地区公开销售，合计销售保有净值5.70亿元人民币。支持澳门地区发展特色金融，促进经济适度多元发展，建立健全与澳门地区监管机构跨境监管合作机制。积极支持台资企业在大陆资本市场直接融资，批准设立首家两岸合资证券公司金圆统一证券，推动落实中央关于促进两岸经济文化交流合作的"31条措施"和"26条措施"，简化台湾地区专业人员申请大陆证券期货基金从业资格程序。

---

① 企业性质为中外合资企业、外商独资企业。

国际交流与合作

跨境监管和执法合作

持续完善跨境监管合作机制。 分别与澳门特别行政区、直布罗陀的证券期货监管机构签署监管合作谅解备忘录。截至2020年末，共与66个国家（或地区）的证券期货监管机构签署了双边监管合作谅解备忘录，建立了监管合作机制。

积极开展跨境监管与执法合作。 积极推进中美审计监管合作，会同财政部多次向美国公众公司会计监督委员会（PCAOB）提出对会计师事务所开展联合检查的具体方案建议，与美国证监会保持沟通。认真履行国际证监会组织（IOSCO）多边备忘录下跨境执法合作义务，2020年，共收到跨境执法协查请求71件，办结68件（含往年结转）；收到跨境监管信息交换请求26件，办结26件，为境外证券监管机构监管执法提供有效协助。同时，积极利用现行证券监管双多边合作机制，向境外证券监管机构发送执法协查请求23件。

政府间财金对话和投资自贸协定谈判

积极参与中欧、中法、中意、中瑞等政府间财金对话磋商，推动达成多项政策成果。成功举办第五届中新证券期货监管圆桌会，深化中国与新加坡双方资本市场领域务实合作。配合商务部完成区域全面经济伙伴关系协定（RCEP）签署和中欧投资协定谈判，参与中日韩自贸协定、中韩自贸协定第二阶段、中挪自贸协定等自贸协定谈判，不断提高贸易和投资自由化便利化水平，构建高水平经贸投资关系。

与国际组织合作交流

深入参与IOSCO工作。 2020年连任IOSCO亚太地区委员会（APRC）和多边备忘录监督小组（MMoU MG）副主席，新当选衍生品委员会（C7）副主席。积极参与IOSCO应对新冠肺炎疫情影响和国际金融市场动荡的电话例会，加入IOSCO为维护金融稳定（FSEG）、促进可持续金融（STF）及应对零售市场不当行为（RMCTF）等在理事会层面新设立的工作机制，深化多边监管协调与合作。牵头撰写关于新冠肺炎疫情对资本市场影响的风险说明文件，被纳入2021年IOSCO《风险展望报告》的基础文件。积极参与IOSCO货币市场基金改革落实一致性专题评估、标准实施监测项目（ISIM）评估。

深化与其他国际组织合作。 探索线上方式落实与国际货币基金组织（IMF）中长期技术援助谅解备忘录，成功申请亚洲开发银行（ADB）知识合作技术援助项目。继续参与金融稳定理事会（FSB）影子银行的数据统计和意见反馈、IMF第四条款磋商、经济合作与发展组织（OECD）公司治理委员会的有关工作。

专栏　中国证监会国际顾问委员会第十七次会议召开

中国证监会国际顾问委员会第十七次会议于2020年11月18日以视频会议形式召开。顾委会主席霍华德·戴维斯先生、副主席史美伦女士等14名委员，中国证监会主席易会满、副主席方星海出席会议，证监会系统相关单位、派出机构和会机关部门主要负责同志参会。

会议主题为"坚定推进开放合作，共同应对全球挑战"。会议重点研讨了"国际经济金融形势与资本市场健康稳定发展"和"深化跨境监管合作，共同应对全球挑战"两个议题。与会委员高度赞同中国"十四五"规划确定的资本市场改革发展重点，对中国资本市场坚持深化改革、扩大开放取得的显著成绩表示祝贺,对中国资本市场新时期稳定健康发展前景充满信心。

与会委员建议,面对新冠肺炎疫情下错综复杂的国际政治经济形势与全球化格局演变,中国证券监管机构应当保持定力和警醒,以宏观视野全面客观看待当前和今后一个时期资本市场运行所处的特殊环境和面临的风险挑战,抓住科技创新、产业链重构和全球应对气候变化等带来的新一轮合作发展机遇,努力发挥资本市场在完善金融结构、促进经济复苏、降低宏观杠杆率和支持绿色可持续发展等方面的独特优势与重要作用,坚持改革开放,深化多边合作,共同应对全球风险与挑战。

与会委员普遍认同证监会坚持以开放合作的态度,主动寻求以联合检查方式稳妥解决跨境审计监管合作难点问题的立场和做法,支持中美双方监管机构通过友好协商,以专业、理性的态度妥善处理分歧,增进互信合作,共同打击上市公司财务造假等违法违规行为,维护市场公平秩序,保护投资者合法权益。

附录

附录1　2020年证券期货市场监管大事记

附录2　2020年颁布的部门规章和规范性文件

附录3　系统单位简介及联系方式

附录1 2020年证券期货市场监管大事记

1. **1月15日** 中国结算联合沪、深交易所发布《关于银行参与证券交易所债券交易结算有关事项的通知》，支持银行参与交易所债券交易结算业务正式落地实施。

2. **1月31日** 中国人民银行、财政部、银保监会、证监会、外汇局联合发布《关于进一步强化金融支持防控新型冠状病毒感染肺炎疫情的通知》。

3. **2月14日** 证监会发布《关于修改〈上市公司证券发行管理办法〉的决定》《关于修改〈创业板上市公司证券发行管理暂行办法〉的决定》《关于修改〈上市公司非公开发行股票实施细则〉的决定》，自发布之日起施行。

4. **3月1日** 证监会发布《关于公开发行公司债券实施注册制有关事项的通知》，自2020年3月1日起，公司债券公开发行实行注册制。

5. **3月2日** 证监会发布《上市公司创业投资基金股东减持股份的特别规定（2020年修订）》。

6. **3月3日** 证监会发布《关于取消或调整证券公司部分行政审批项目等事项的公告》。

7. **3月6日** 为进一步强化资本市场对新冠肺炎疫情防控工作的支持，加强金融逆周期调节力度，降低疫情对证券公司经营活动的暂时性影响，增强证券行业服务实体经济能力，证监会发布《关于降低证券公司2019年度及2020年度投资者保护基金缴纳比例的公告》。

8. **3月13日** 证监会明确自2020年4月1日起取消证券公司外资股比限制。

9. **3月13日** 证监会和最高人民法院共同推动"人民法院调解平台"（tiaojie.court.gov.cn）与"中国投资者网证券期货纠纷在线解决平台"（www.investor.org.cn）实现数据交换、互联互通，建立协调联动、高效便民的证券期货纠纷在线诉调对接机制。

10. **3月19日** 证监会批准大连商品交易所开展液化石油气期货及期权交易。3月30日，我国首个气体能源衍生品——液化石油气期货在大连商品交易所挂牌交易。

11. **4月3日** 针对瑞幸咖啡（Luckin Coffee Inc.）财务造假事件，证监会对外发表声明，表明严正立场，予以强烈谴责，表示将按照国际证券监管合作的有关安排依法核查，坚决打击证券欺诈行为，切实保护投资者合法权益。

12. **4月24日** 证监会批准大连商品交易所开展生猪期货交易。生猪期货将于2021年1月8日在大连商品交易所正式挂牌交易。

13. **4月30日** 证监会、国家发展改革委联合发布《关于推进基础设施领域不动产投资信托基金（REITs）试点相关工作的通知》。

14. **4月30日** 证监会发布《关于创新试点红筹企业在境内上市相关安排的公告》。

15. **5月14日** 证监会对康美药业做出处罚及禁入决定。

16. **5月15日** 投服中心全资子公司——中证资本市场法律服务中心在上海正式揭牌成立。易会满、阎庆民同志通过视频方式远程出席仪式。中证资本市场法律服务中心是证监会批准设立的我国唯一跨区域、跨市场的全国性证券期货纠纷专业调解组织。

17. **5月26日** 证监会发布《关于修改〈证券公司次级债管理规定〉的决定》。

18. **6月3日** 证监会发布《中国证监会关于全国中小企业股份转让系统挂牌公司转板上市的指导意见》。

19. **6月12日** 证监会发布《创业板首次公开发行股票注册管理办法（试行）》《创业板上市公司证券发行注册管理办法（试行）》《创业板上市公司持续监管办法（试行）》和《证券发行上市保荐业务管理办法》，自公布之日起施行。同时，证监会、深交所、中国结算、证券业协会等发布了相关配套规则。

20. 6月16日　易会满主席接受《财新》杂志专访，就推进中国资本市场对外开放、加强中美审计监管合作、维护香港特区国际金融中心地位等问题发表看法。

21. 7月3日　证监会发布《科创板上市公司证券发行注册管理办法（试行）》。

22. 7月10日　证监会发布《关于修改〈证券公司分类监管规定〉的决定》，自发布之日起实施。

23. 7月19日　人民银行、证监会决定同意银行间债券市场与交易所债券市场相关基础设施机构开展互联互通合作。

24. 7月24日　证监会、工业和信息化部、司法部、财政部联合发布《证券服务机构从事证券服务业务备案管理规定》。

25. 7月24日　证监会同意首批4家企业创业板首次公开发行股票注册，深交所正式启动注册制下创业板企业发行承销工作。

26. 7月31日　证监会对外发布《关于瑞幸咖啡财务造假调查处置工作情况的通报》，并与财政部、市场监管总局同步宣布拟做出相应行政处罚。

27. 7月31日　中金所批准中国建设银行成为交易结算会员，首批试点商业银行参与国债期货业务全面落地。

28. 7月31日　证监会印发《关于做好投资者保护机构参加证券纠纷特别代表人诉讼相关工作的通知》。

29. 8月6日　证监会发布《公开募集基础设施证券投资基金指引（试行）》。

30. 8月18日　最高人民法院发布《关于为创业板改革并试点注册制提供司法保障的若干意见》。

31. 8月24日　易会满、李超、方星海同志赴深圳参加创业板注册制首批企业上市仪式。

32. 8月28日　证监会发布《关于实施〈公开募集证券投资基金销售机构监督管理办法〉的规定》《公开募集证券投资基金宣传推介材料管理暂行规定》。

33. 9月17日　证监会发布《关于修改〈关于加强上市证券公司监管的规定〉的决定》。

34. 9月25日　证监会发布《合格境外机构投资者和人民币合格境外机构投资者境内证券期货投资管理办法》《关于实施〈合格境外机构投资者和人民币合格境外机构投资者境内证券期货投资管理办法〉有关问题的规定》。

35. 10月14日　方星海同志会见澳门特区政府经济财政司司长李伟农、澳门金管局主席陈守信，就内地与澳门加强监管合作与人员交流、债券市场合作等方面深入交换意见。方星海和陈守信交换了签署的《中国证券监督管理委员会与澳门金融管理局合作备忘录》。

36. 10月27日　深交所正式发布《关于开展信用保护凭证业务试点的通知》，推出信用保护凭证业务试点。

37. 10月29日　中国结算顺利完成科创板首单存托凭证（CDR）九号公司CDR的发行登记工作，这是中国资本市场首只发行并上市交易的CDR。

38. 11月3日　上交所发布《关于暂缓蚂蚁科技集团股份有限公司科创板上市的决定》。

39. 11月5日　易会满同志会见香港特别行政区行政长官林郑月娥一行，就进一步深化内地与香港资本市场互联互通，加强两地金融合作，坚定维护香港国际金融中心地位等深入交换意见。

40. 11月18日　易会满、方星海同志出席中国证监会国际顾问委员会第17次会议。顾委会主席霍华德·戴维斯先生、副主席史美伦女士等14名顾委会委员参加会议。与会代表就"国际经济金融形势与资本市场健康稳定发展"和"深化跨境监管合作、共同应对全球挑战"等两个议题进行讨论，对于中国资本市场改革发展和跨境监管合作提出咨询意见。

41. 12月4日　证监会发布《上市公司治理专项行动的通知》。12月11日，证监会决定自即日起开展上市公司治理专项行动。

42. 12月4日　上交所发布《上海证券交易所科创板股票发行上市审核规则（2020年修订）》《上海证券交易所科创板上市委员会管理办法（2020年修订）》。

43. **12月16日** 中证商品指数有限责任公司在雄安新区完成注册，登记注册资本10亿元，由各期货交易所均等出资。

44. **12月26日** 第十三届全国人大常委会第二十四次会议审议通过《刑法修正案（十一）》，并宣布将于2021年3月1日起正式施行。本次《刑法》修改，是继《证券法》修改完成后涉及资本市场的又一项重大立法活动，表明国家"零容忍"打击证券期货犯罪的坚定决心，对于切实提高证券违法成本、保护投资者合法权益、维护市场秩序、推进注册制改革、保障资本市场平稳健康发展具有十分深远的意义。

45. **12月28日** 证监会在北京举办中国资本市场建立30周年座谈会。证监会党委班子成员、沪深交易所理事长和部分曾经在证监会工作的老领导，部分市场主体、专家学者、新闻媒体的代表在现场或通过视频参加，共同回顾资本市场发展历程，总结经验，展望未来。易会满同志作讲话。

46. **12月31日** 证监会发布《可转换公司债券管理办法》。

附录2　2020年颁布的部门规章和规范性文件

中国证监会颁布的部门规章

1. 《关于修改〈上市公司证券发行管理办法〉的决定》（2020年2月14日　证监会令第163号）
2. 《关于修改〈创业板上市公司证券发行管理暂行办法〉的决定》（2020年2月14日　证监会令第164号）
3. 《证券期货规章制定程序规定》（2020年3月13日　证监会令第165号）
4. 《关于修改部分证券期货规章的决定》（2020年3月20日　证监会令第166号）
5. 《创业板首次公开发行股票注册管理办法（试行）》（2020年6月12日　证监会令第167号）
6. 《创业板上市公司证券发行注册管理办法（试行）》（2020年6月12日　证监会令第168号）
7. 《创业板上市公司持续监管办法（试行）》（2020年6月12日　证监会令第169号）
8. 《证券发行上市保荐业务管理办法》（2020年6月12日　证监会令第170号）
9. 《科创板上市公司证券发行注册管理办法（试行）》（2020年7月3日　证监会令第171号）
10. 《证券投资基金托管业务管理办法》（2020年7月10日　证监会令第172号）
11. 《关于修改〈首次公开发行股票并上市管理办法〉的决定》（2020年7月10日　证监会令第173号）
12. 《关于修改〈科创板首次公开发行股票注册管理办法（试行）〉的决定》（2020年7月10日　证监会令第174号）
13. 《公开募集证券投资基金销售机构监督管理办法》（2020年8月28日　证监会令第175号）
14. 《合格境外机构投资者和人民币合格境外机构投资者境内证券期货投资管理办法》（2020年9月25日　中国证券监督管理委员会、中国人民银行令、国家外汇管理局　证监会令第176号）
15. 《关于修改、废止部分证券期货规章的决定》（2020年10月30日　证监会令第177号）
16. 《可转换公司债券管理办法》（2020年12月31日　证监会令第178号）

中国证监会颁布的规范性文件

1. 《非上市公众公司信息披露内容与格式准则第3号——定向发行说明书和发行情况报告书（2020年修订）》（2020年1月13日　证监会公告〔2020〕3号）
2. 《非上市公众公司信息披露内容与格式准则第4号——定向发行申请文件（2020年修订）》（2020年1月13日　证监会公告〔2020〕4号）
3. 《非上市公众公司信息披露内容与格式准则第9号——创新层挂牌公司年度报告》（2020年1月13日　证监会公告〔2020〕5号）
4. 《非上市公众公司信息披露内容与格式准则第10号——基础层挂牌公司年度报告》（2020年1月13日　证监会公告〔2020〕6号）
5. 《证券期货违法违规行为举报工作暂行规定》（2020年修订）（2020年1月14日　证监会公告〔2020〕7号）
6. 《非上市公众公司信息披露内容与格式准则第11

号——向不特定合格投资者公开发行股票说明书》（2020年1月17日 证监会公告〔2020〕8号）

7. 《非上市公众公司信息披露内容与格式准则第12号——向不特定合格投资者公开发行股票申请文件》（2020年1月17日 证监会公告〔2020〕9号）

8. 《证券公司风险控制指标计算标准规定》（2020年1月23日 证监会公告〔2020〕10号）

9. 《关于修改〈上市公司非公开发行股票实施细则〉的决定》（2020年2月14日 证监会公告〔2020〕11号）

10. 《中国证监会 财政部 中国人民银行 中国银保监会关于商业银行、保险机构参与中国金融期货交易所国债期货交易的公告》（2020年2月14日 证监会公告〔2020〕12号）

11. 《关于非上市公众公司行政许可事项的有关事宜》（2020年2月19日 证监会公告〔2020〕13号）

12. 《关于废止部分证券期货规范性文件的决定》（2020年2月21日 证监会公告〔2020〕14号）

13. 《关于信息披露媒体有关规则过渡衔接的安排》（2020年3月2日 证监会公告〔2020〕16号）

14. 《上市公司创业投资基金股东减持股份的特别规定》（2020年修订）（2020年3月6日 证监会公告〔2020〕17号）

15. 《关于取消或调整证券公司部分行政审批项目等事项的公告》（2020年3月3日 证监会公告〔2020〕18号）

16. 《关于修改部分证券期货规范性文件的决定》（2020年3月20日 证监会公告〔2020〕20号）

17. 《科创属性评价指引（试行）》（2020年3月20日 证监会公告〔2020〕21号）

18. 《关于做好当前上市公司等年度报告审计与披露工作有关事项的公告》（2020年4月7日 证监会公告〔2020〕22号）

19. 《公开募集证券投资基金投资全国中小企业股份转让系统挂牌股票指引》（2020年4月17日 证监会公告〔2020〕23号）

20. 《关于废止〈创业板市场投资者适当性管理暂行规定〉的决定》（2020年4月30日 证监会公告〔2020〕24号）

21. 《公开发行证券的公司信息披露编报规则第24号——注册制下创新试点红筹企业财务报告信息特别规定》（2020年6月12日 证监会公告〔2020〕25号）

22. 《关于创新试点红筹企业在境内上市相关安排的公告》（2020年4月30日 证监会公告〔2020〕26号）

23. 《关于修改〈证券公司次级债管理规定〉的决定》（2020年5月26日 证监会公告〔2020〕28号）

24. 《中国证监会关于全国中小企业股份转让系统挂牌公司转板上市的指导意见》（2020年6月3日 证监会公告〔2020〕29号）

25. 《公开发行证券的公司信息披露内容与格式准则第28号——创业板公司招股说明书（2020年修订）》（2020年6月12日 证监会公告〔2020〕31号）

26. 《公开发行证券的公司信息披露内容与格式准则第29号——首次公开发行股票并在创业板上市申请文件（2020年修订）》（2020年6月12日 证监会公告〔2020〕32号）

27. 《公开发行证券的公司信息披露内容与格式准则第35号——创业板上市公司向不特定对象发行证券募集说明书（2020年修订）》（2020年6月12日 证监会公告〔2020〕33号）

28. 《公开发行证券的公司信息披露内容与格式准则第36号——创业板上市公司向特定对象发行证券募集说明书和发行情况报告书（2020年修订）》（2020年6月12日 证监会公告〔2020〕34号）

29. 《公开发行证券的公司信息披露内容与格式准则第37号——创业板上市公司发行证券申请文件（2020年修订）》（2020年6月12日 证监会公告〔2020〕35号）

30. 《创业板首次公开发行证券发行与承销特别规定》（2020年6月12日 证监会公告〔2020〕36号）

31. 《公开发行证券的公司信息披露内容与格式准则第43号——科创板上市公司向不特定对象发行证券募集说明书》（2020年7月3日 证监会公告〔2020〕37号）

32.《公开发行证券的公司信息披露内容与格式准则第44号——科创板上市公司向特定对象发行证券募集说明书和发行情况报告书》（2020年7月3日 证监会公告〔2020〕38号）

33.《公开发行证券的公司信息披露内容与格式准则第45号——科创板上市公司发行证券申请文件》（2020年7月3日 证监会公告〔2020〕39号）

34.《公开募集证券投资基金侧袋机制指引（试行）》（2020年7月10日 证监会公告〔2020〕41号）

35.《关于修改〈证券公司分类监管规定〉的决定》（2020年7月10日 证监会公告〔2020〕42号）

36.《关于首次公开发行股票并上市公司招股说明书财务报告审计截止日后主要财务信息及经营状况信息披露指引（2020年修订）》（2020年7月10日 证监会公告〔2020〕43号）

37.《非上市公众公司监管指引第5号——精选层挂牌公司持续监管指引（试行）》（2020年7月22日 证监会公告〔2020〕46号）

38.《非上市公众公司信息披露内容与格式准则第13号——精选层挂牌公司年度报告》（2020年7月22日 证监会公告〔2020〕47号）

39.《非上市公众公司信息披露内容与格式准则第14号——精选层挂牌公司中期报告》（2020年7月22日 证监会公告〔2020〕48号）

40.《非上市公众公司信息披露内容与格式准则第15号——创新层挂牌公司中期报告》（2020年7月22日 证监会公告〔2020〕49号）

41.《非上市公众公司信息披露内容与格式准则第16号——基础层挂牌公司中期报告》（2020年7月22日 证监会公告〔2020〕50号）

42.《非上市公众公司信息披露内容与格式准则第17号——精选层挂牌公司季度报告》（2020年7月22日 证监会公告〔2020〕51号）

43.《证券服务机构从事证券服务业务备案管理规定》（2020年7月24日 证监会公告〔2020〕52号）

44.《〈上市公司重大资产重组管理办法〉第二十八条、第四十五条的适用意见——证券期货法律适用意见第15号》（2020年7月31日 证监会公告〔2020〕53号）

45.《公开募集基础设施证券投资基金指引（试行）》（2020年8月6日 证监会公告〔2020〕54号）

46.《非上市公众公司监管指引第6号——股权激励和员工持股计划的监管要求（试行）》（2020年8月21日 证监会公告〔2020〕57号）

47.《关于实施〈公开募集证券投资基金销售机构监督管理办法〉的规定》（2020年8月28日 证监会公告〔2020〕58号）

48.《公开募集证券投资基金宣传推介材料管理暂行规定》（2020年8月28日 证监会公告〔2020〕59号）

49.《关于证券市场信息披露媒体条件的规定》（2020年9月11日 证监会公告〔2020〕60号）

50.《关于修改〈关于加强上市证券公司监管的规定〉的决定》（2020年9月17日 证监会公告〔2020〕62号）

51.《关于实施〈合格境外机构投资者和人民币合格境外机构投资者境内证券期货投资管理办法〉有关问题的规定》（2020年9月25日 证监会公告〔2020〕63号）

52.《〈证券服务机构从事证券服务业务备案管理规定〉第九条的适用意见——证券期货法律适用意见第16号》（2020年10月16日 证监会公告〔2020〕64号）

53.《关于修改、废止部分证券期货制度文件的决定》（2020年10月30日 证监会公告〔2020〕66号）

附录3　系统单位简介及联系方式

上海证券交易所

上海证券交易所（简称上交所）成立于1990年11月26日，是实施自律管理的法人，由中国证监会直接管理。

上交所主要职能包括：提供证券集中交易的场所、设施和服务；制定和修改本所的业务规则；按照国务院及中国证监会规定，审核证券公开发行上市申请；审核、安排证券上市交易，决定证券终止上市和重新上市等；提供非公开发行证券转让服务；组织和监督证券交易；组织实施交易品种和交易方式创新；对会员进行监管；对证券上市交易公司及相关信息披露义务人进行监管，提供网站供信息披露义务人发布依法披露的信息；对证券服务机构为证券发行上市、交易等提供服务的行为进行监管；设立或者参与设立证券登记结算机构；管理和公布市场信息；开展投资者教育和保护；法律、行政法规规定及中国证监会许可、授权或委托的其他职能。

上交所市场交易的证券品种主要包括股票、衍生品、债券、基金4大类。截至2020年12月31日，沪市上市公司达到1 800家，股票总市值45.53万亿元，成交金额83.99万亿元，筹资总额9 150亿元。股票期权累计挂牌交易合约数为1 102个，成交量98 249万张，成交金额7 167亿元。债券现货挂牌数20 378只，托管量13.24万亿元，成交金额114 502亿元；债券回购成交金额259.60万亿元。基金挂牌数380只，总市值9 195亿元，成交金额107 527亿元。

联系电话：021-68808888
传真：021-68804868
电子邮件：webmaster@secure.sse.com.cn
网址：www.sse.com.cn
地址：上海市浦东新区杨高南路388号（200127）

深圳证券交易所

深圳证券交易所（简称深交所）于1990年12月1日开始营业，是实行自律管理的法人，由中国证监会直接管理。

深交所主要职能包括：提供证券集中交易的场所、设施和服务；制定和修改证券交易所的业务规则；审核、安排证券上市交易，决定证券暂停上市、恢复上市、终止上市和重新上市；提供非公开发行证券转让服务；组织和监督证券交易；组织实施交易品种和交易方式创新；对会员进行监管；对证券上市交易公司及相关信息披露义务人进行监管；对证券服务机构为证券上市、交易等提供服务的行为进行监管；设立或者参与设立证券登记结算机构；管理和公布市场信息；开展投资者教育和保护；法律、行政法规规定的以及中国证监会许可、授权或者委托的其他职能。

截至2020年末，深交所共有上市公司2 354家，上市股票2 390只。股票市价总值34.19万亿元，流通市值26.36万亿元，筹资总额5 638.15亿元，累计成交金额122.84万亿元。挂牌上市固收产品7 954只，托管量2.5万亿元，累计成交金额36.55万亿元。基金挂牌总数487只，资产规模2 669亿元，累计成交金额2.87万亿元。

联系电话：0755-88668888
传真：0755-82083947
电子邮件：cis@szse.cn
网址：www.szse.cn
地址：广东省深圳市福田区深南大道2012号（518038）

上海期货交易所

上海期货交易所（简称上期所）是在上海原有6家交易所的基础上，经过两次合并重组后形成的。经国务院同意，证监会批准，上期所于1999年成立，是实行自律管理的法人，由中国证监会直接管理。

上期所主要职能包括：为期货交易及相关的其他业务提供场所、设施和服务，制定并实施业务规则和风险管理制度，设计并安排合约上市，以及中国证监会许可的其他职能。

截至2020年末，上期所上市交易的有铜、国际铜、铝、锌、铅、镍、锡、黄金、白银、螺纹钢、线材、热轧卷板、不锈钢、原油、燃料油、低硫燃料油、石油沥青、天然橡胶、20号胶、纸浆20个期货品种，以及铜、铝、锌、黄金、天然橡胶5个期权品种。上期所共有会员196家，投资者开户约186.46万户，指定交割仓库102家，指定保证金存管银行12家。（子公司上期能源共有会员158家，投资者开户约22.81万户，指定交割仓库29家，指定保证金存管银行13家。）

2020年，上期所（含上期能源）总成交金额152.80万亿元，总成交量21.29亿手（单边计算），同比分别增长35.80%和47.04%。

联系电话：021-68400000
传真：021-68401198
电子邮件：msc@shfe.com.cn
网址：www.shfe.com.cn
地址：中国（上海）自由贸易试验区浦电路500号
　　　（200122）

郑州商品交易所

郑州商品交易所（简称郑商所）成立于1990年10月，是国务院批准成立的首家期货市场试点单位，是实行自律管理的法人，由中国证监会直接管理。

郑商所主要职能包括：提供期货交易场所，期货合约设计与上市服务，期货交易结算与交割服务，期货交易监督，期货交易风险管理，期货交易信息服务等。

截至2020年末，郑商所上市普通小麦、优质强筋小麦、早籼稻、晚籼稻、粳稻、棉花、棉纱、油菜籽、菜籽油、菜籽粕、白糖、苹果、红枣、动力煤、甲醇、精对苯二甲酸（PTA）、玻璃、硅铁、锰硅、尿素、纯碱、短纤22个期货品种，白糖、棉花、PTA、甲醇、菜籽粕、动力煤6个期权；共有场内会员151家，投资者开户数约225.66万户；指定交割仓（厂）库374家；指定保证金存管银行15家。2020年，累计成交量17.0亿手、成交金额60.1万亿元、日均持仓量713.4万手，同比分别增长55.7%、52.0%和58.7%。

联系电话：0371-65610069
传真：0371-65613068
电子邮件：czce@czce.com.cn
网址：www.czce.com.cn
地址：河南省郑州市郑东新区商务外环路30号
　　　（450018）

大连商品交易所

大连商品交易所（简称大商所）成立于1993年，是经国务院同意、中国证监会批准，实行自律管理的法人，由中国证监会直接管理。

大商所主要职能包括：提供期货、期权交易场所、设施和服务；设计合约、安排合约上市；组织并监督交易、结算和交割；制定并实施风险管理制度，控制市场风险；组织开展市场宣传和投资者教育服务；查处违规行为；中国证监会规定的其他职责。

2020年，大商所市场规模保持稳步较快增长，成交量22.07亿手、成交额109.20万亿元、日均持仓量960.40万手，分别同比增长62.83%、58.43%、31.92%。场内外衍生产品体系不断完善，成功上市液化石油气期货及期权，聚丙烯、聚氯乙烯、线型低密度聚乙烯期权，共5个期货、期权品种和工具。截至2020年末，大商所已上市玉米、玉米淀粉、粳米、黄大豆1号、黄大豆2号、豆粕、豆油、棕榈油、鸡蛋、纤维板、胶合板、线型低密度聚乙烯、聚氯乙烯、聚丙烯、乙二醇、苯乙烯、焦炭、焦煤、铁矿石、液化石油气共计20个期货品种，豆粕、玉米、铁矿石、液化石油气、聚丙烯、聚氯乙烯、线型低密度聚乙烯共计7个期权工具，并推出了17个期货品种和7个期权工具的夜盘交易。场外市场"一圈两中心"（即大宗商品生态圈，交易中心和价格信息中心）建设正式启动，并不断丰富。成功引入境外交易者参与棕榈油期货交易，这是继铁矿石期货后，大商所第二个迈出国际化步伐的期货品种。大商所现有会员160家，投资者开户446万户，交割仓（厂）库399个，保证金存管银行16家。市场功能逐步有效发挥，为产业企业提供了重要的贸易定价依据和有效的风险管理工具，在服务实体经济、服务国家战略方面不断贡献期货力量。目前，大商所正围绕打造一个规范、透明、开放、有活力、有韧性的资本市场总体目标，坚持服务面向实体经济，创新紧跟国际步伐，围绕产品开发、技术驱动、生态圈建设三大主线，加快建设期货现货结合、场内场外协同、境内境外连通的国际一流衍生品交易所。

联系电话：0411-84808888
传真：0411-84808588
电子邮件：office@dce.com.cn
网址：www.dce.com.cn
地址：辽宁省大连市沙河口区会展路129号（116023）

中国金融期货交易所

中国金融期货交易所（简称中金所）成立于2006年9月8日，是经国务院同意、中国证监会批准的国内第一家公司制交易所，也是国内唯一专门从事金融期货期权等衍生品市场建设的交易所，由中国证监会直接管理。

中金所主要职能包括：组织安排金融期货等金融衍生品上市交易、结算和交割；制订业务管理规则；实施自律管理；发布市场交易信息；提供技术、场所、设施服务；中国证监会许可的其他职能。

截至2020年末，中金所共上市沪深300、上证50、中证500股指期货3个股指期货产品，2年期、5年期、10年期国债期货3个国债期货产品和一个股指期权产品，即沪深300股指期权。2020年，股指期货成交7 450.35万手，成交金额88.93万亿元。其中，沪深300股指期货成交2 999.87万手，成交金额39.39万亿元；上证50股指期货成交1 174.94万手，成交金额11.01万亿元；中证500股指期货成交3 275.54万手，成交金额38.53万亿元。国债期货成交2 403.51万手，成交金额26.37万亿元。其中，2年期国债期货成交231.30万手，成交金额4.67万亿元；5年期国债期货成交580.98万手，成交金额5.87万亿元；10年期国债期货成交1 591.23万手，成交金额15.83万亿元。沪深300股指期权成交1 674.28万手，成交金额1 365.53亿元。

联系电话：021-50160666
传真：021-50160606
电子邮件：zixun@cffex.com.cn
网址：www.cffex.com.cn
地址：上海市浦东新区杨高南路288号（200127）

中国证券登记结算有限责任公司

中国证券登记结算有限责任公司（简称中国结算）按照《证券法》关于证券登记结算集中统一运营的要求，经国务院同意、中国证监会批准，于2001年3月30日组建成立。公司为不以营利为目的的法人，是我国具有系统重要性的金融市场基础设施之一，由中国证监会直接管理。

中国结算主要职能包括：按照《证券法》和《证券登记结算管理办法》等规定，依法履行证券账户的设立和管理、证券集中登记、存管等职能，并为证券交易提供多边净额和全额等多种结算服务。公司服务范围涵盖沪、深交易所与全国股转系统全部上市（挂牌）证券、股票期权、沪港通、深港通、内地与香港基金互认、开放式基金、资管产品、转融通、国债期货实物交割、债券跨市场转托管等广泛领域。

截至2020年12月31日，中国结算管理的一码通证券账户投资者数达17 777.49万人。登记存管的沪、深市场证券25 992只，其中上市股票4 239只，登记存管新三版挂牌股票8 374只。登记的资管产品2 561只。2020年1—12月，公司结算总额1 609.25万亿元，日均结算总额6.62万亿元，日均结算净额2 344.53亿元，日均过户11 266.23万笔，日均过户金额6.17万亿元。

联系电话：010-66210988
传真：010-66210938
电子邮件：zbshi@chinaclear.com.cn
网址：www.chinaclear.cn
地址：北京市西城区太平桥大街17号（100033）

中国证券投资者保护基金有限责任公司

中国证券投资者保护基金有限责任公司（简称投保基金公司）成立于2005年8月30日，是由国务院出资成立，归口中国证监会管理的国有独资企业。

投保基金公司主要职能包括：筹集、管理和运作基金；监测证券公司风险，参与证券公司风险处置；证券公司被撤销、被关闭、破产或被证监会实施行政接管、托管经营等强制性监管措施时，按照国家有关政策规定对债权人予以偿付；管理和处分受偿资产，维护基金权益；发现证券公司经营管理中出现可能危及投资者利益和证券市场安全的重大风险时，向证监会提出监管、处置建议；对证券公司运营中存在的风险隐患会同有关部门建立纠正机制；国务院批准的其他职能。

截至2020年末，投保基金公司注册资本63亿元，按照《证券投资者保护基金管理办法》规定筹集、使用和运作基金，累计拨付投保基金225.303亿元，累计受偿现金43.551亿元。证券市场交易结算资金监控系统对全市场经纪业务客户的3.08亿个资金账户、16 377.67亿元保证金实现全面动态监测。投保基金公司持续对全市场证券公司开展常态化风险监测预警。

联系电话：010-66580711
传真：010-66580616
电子邮件：zhangli@sipf.com.cn
网址：www.sipf.com.cn
地址：北京市西城区金融大街5号新盛大厦（100033）

中国证券金融股份有限公司

中国证券金融股份有限公司（简称中证金融）成立于2011年10月28日，是经国务院同意，中国证监会批准设立的全国性证券类金融机构，是中国境内唯一从事转融通业务的金融机构，由中国证监会直接管理。

中证金融主要职能包括：为证券公司融资融券业务提供资金和证券的转融通服务；对证券公司融资融券业务运行情况进行监控；监测分析全市场融资融券交易情况，运用市场化手段防控风险；对证券公司参与股票质押式回购交易实施信息统计和风险监测；开展证券投资基金托管业务；运用市场化手段促进资本市场平稳发展；开展民营企业债券融资支持工具框架下的交易所债券市场信用保护合约业务；经中国证监会批准同意的其他业务。

截至2020年12月31日，中证金融全年为证券公司融资融券业务提供资金和证券累计达到9 809亿元。转融通余额2 120.23亿元，其中转融资余额为662.12亿元，转融券余额1 458.11亿元。开展融资融券业务的证券公司共93家，投资者数量565.41万人，沪深市场标的证券1 992只，融资融券余额16 189.68亿元。

联系电话：010-63211666
传真：010-63211601

电子邮件：csf1@csf.com.cn
网址：www.csf.com.cn
地址：北京市西城区丰盛胡同28号太平洋保险大厦B座15层（100032）

中国期货市场监控中心有限责任公司

中国期货市场监控中心有限责任公司（简称期货市场监控中心）是经国务院同意，中国证监会决定设立，于2006年3月成立的非营利性公司制法人，由中国证监会直接管理。

期货市场监控中心主要职能包括：期货市场统一开户；期货保证金安全监控；为期货投资者提供交易结算信息查询；期货市场运行监测监控；宏观和产业分析研究；期货中介机构监测监控；建设运营期货及衍生品交易报告库；代管期货投资者保障基金；为监管机构和期货交易所等提供信息服务；期货市场调查；协助风险公司处置。

截至2020年末，中国期货市场共上市交易68个期货品种，19个期货期权品种。2020年全年共成交61.53亿手，成交金额437.53万亿元。中国商品期货指数同比上涨23.97%，中国大宗商品综合指数同比上涨5.04%，中国农产品期货指数同比上涨15.43%，中国工业品期货指数同比上涨23.29%。

联系电话：010-66555088
传真：010-66555038
电子邮件：cfmmc@cfmmc.com
网址：www.cfmmc.com，www.cfmmc.cn
地址：北京市西城区金融大街5号新盛大厦B座17层（100033）

中证数据有限责任公司

中证数据有限责任公司（简称中证数据）成立于2012年9月12日，是由中国证监会直接管理的专业机构，定位为数据管理中心和业务分析中心。

中证数据主要职能包括：承担证券期货业监管大数据中心的建设、运行和维护，负责数据采集、加工、汇总、存储、管理和治理；协助统筹中国证监会监管大数据分析需求，包括统计查询、风险监测、数据挖掘及其他监管应用；根据大数据分析需求，提出大数据监管应用系统和分析软件需求，按相关规定提交开发机构开发，并参与上线测试，负责验收；按照相关规定提供数据及分析等服务；中国证监会交办的其他工作。

联系电话：010-63889092
传真：010-63889062
电子邮件：cmsmc@cmsmc.cn
网址：www.cmsmc.cn
地址：北京市西城区金融大街26号4层南区（100032）

全国中小企业股份转让系统有限责任公司

全国中小企业股份转让系统（简称全国股转系统，通常称为新三板）是经国务院批准，依据证券法设立的第三家全国性证券交易场所。全国中小企业股份转让系统有限责任公司（简称全国股转公司）为其运营管理机构，于2012年9月20日在国家工商总局注册，2013年1月16日正式揭牌运营，由中国证监会直接管理。

全国股转公司主要职能包括：提供证券交易的技术系统和设施；制定和修改全国股转系统业务规则；接受并审查股票挂牌及其他相关业务申请，安排符合条件的公司股票挂牌；组织、监督证券交易及相关活动；对挂牌公司及其他信息披露义务人进行监管；对主办券商等全国股转系统参与人进行监管；管理和公布全国股转系统相关信息；中国证监会批准的其他职能。

截至2020年12月31日，全国股转系统挂牌公司8 187家，其中精选层挂牌公司41家，创新层挂牌公司1 138家，基础层挂牌公司7 008家；总市值2.65万亿元；总股本5 335.28亿股，流通股本3 208.11亿股。2020年，成交量为260.42亿股，成交金额1 294.64亿元，挂牌公司完成716次股票发行，募集资金338.50亿元，披露并购重组报告书167次，涉及交易金额89.97亿元。

联系电话：010-63884521

传真：010-63889634

电子邮件：info@neeq.com.cn

网址：www.neeq.com.cn

地址：北京市西城区金融大街丁26号金阳大厦
（100033）

中国证券业协会

中国证券业协会（简称证券业协会）成立于1991年8月28日，是依据《证券法》和《社会团体登记管理条例》有关规定设立的证券业自律性组织，属于非营利性社会团体法人，接受业务主管单位中国证监会和社团登记管理机关国家民政部的业务指导和监督管理。

证券业协会主要职能包括：教育和组织会员及其从业人员遵守证券法律、行政法规，组织开展证券行业诚信建设，督促证券行业履行社会责任；依法维护会员的合法权益，向中国证监会反映会员的建议和要求；督促会员开展投资者教育和保护活动，维护投资者合法权益；制定和实施证券行业自律规则，监督、检查会员及其从业人员行为，对违反法律、行政法规、自律规则或者协会章程的，按照规定给予纪律处分或者实施其他自律管理措施；制定证券行业业务规范，组织从业人员的业务培训；组织会员就证券行业的发展、运作及有关内容进行研究，收集整理、发布证券相关信息，提供会员服务，组织行业交流，引导行业创新发展；对会员之间、会员与客户之间发生的证券业务纠纷进行调解；协会章程规定的其他职责。

截至2020年末，证券业协会共有会员473家，观察员390家。其中，会员包括法定会员（证券公司）138家，普通会员（证券投资咨询公司、资信评级机构等）256家，特别会员（地方证券业协会等）79家。

联系电话：010-66575800

传真：010-66575827

电子邮件：bgs@sac.net.cn

网址：www.sac.net.cn

地址：北京市西城区金融大街19号富凯大厦B座二层
（100033）

中国期货业协会

中国期货业协会（简称期货业协会）成立于2000年12月29日，是根据《社会团体登记管理条例》和《期货交易管理条例》成立的全国期货业自律性组织，为非营利性社会团体法人，接受业务主管单位中国证监会和社团登记管理机关国家民政部的业务指导和监督管理。

期货业协会以"自律、服务、传导"为基本宗旨，主要职能包括：在国家对期货业实行集中统一监督管理的前提下进行期货业自律管理；发挥政府与期货业间的桥梁和纽带作用，为会员服务，维护会员的合法权益；坚持期货市场的公开、公平、公正，维护期货业的正当竞争秩序，保护投资者的合法权益，推动期货市场的规范发展。

截至2020年末，期货业协会共有会员416家，其中普通会员（期货公司、证券公司、资产管理公司、风险管理公司等）336家，特别会员（期货交易所、中国期货市场监控中心）5家，联系会员（地方协会等）75家。

联系电话：010-88086967

传真：010-88087060

电子邮件：cfa@cfachina.org

网址：www.cfachina.org

地址：北京市西城区金融大街33号通泰大厦C座8层
（100140）

中国上市公司协会

中国上市公司协会（简称上市公司协会）成立于2012年2月15日，依据《中华人民共和国证券法》和《社会团体登记管理条例》等相关规定成立，由上市公司及相关机构组成的全国性自律组织，属于会员制、非营利性的社会团体法人。接受业务主管单位中国证监会和社团登记管理机关国家民政部的业务指导和监督管理。

上市公司协会的宗旨是：遵守宪法、法律、法规及党和国家的方针政策，践行社会主义核心价值观，遵守社会道德风尚；遵循资本市场公开、公平、公正原则，恪守"服务、自律、规范、提高"的基本职责，践行服务理念，维护会员合法权益，促进提高上市公司质量，进而促进资本市场体系的完善和成熟；引导上市公司遵守公司、证券法律法规、部门规章和规范性文件，规范运作，自觉履行社会责任；倡导积极健康的股权文化和诚信文化；推动上市公司持续健康发展，增强核心竞争力和国际影响力，成为党领导下紧密联系上市公司及资本市场的新型社会组织。

截至2020年末，上市公司协会共有注册会员2 316家，其中普通会员2 255家，联系会员22家，团体会员39家。

联系电话：010-88009677（办公室）
010-88009675（会员服务部（理事会办公室））
010-88009680（会员服务二部（研究部））；
传真：010-88009684
电子邮件：office@capco.org.cn
网址：www.capco.org.cn
地址：北京市西城区金融街33号通泰大厦C座3层（100033）

中国证券投资基金业协会

中国证券投资基金业协会（简称基金业协会）成立于2012年6月6日，是依据《中华人民共和国证券投资基金法》和《社会团体登记管理条例》成立的证券投资基金行业的自律性组织，接受业务主管单位中国证监会和社团登记管理机关国家民政部的业务指导和监督管理。

基金业协会主要职能包括：教育和组织会员遵守有关证券投资的法律、行政法规，维护投资人合法权益；依法维护会员的合法权益，反映会员的建议和要求；制定和实施行业自律规则，监督、检查会员及其从业人员的执业行为，对违反自律规则和协会章程的，按照规定给予纪律处分；制定行业执业标准和业务规范，组织基金从业人员的从业考试、资质管理和业务培训；提供会员服务，组织行业交流，推动行业创新，开展行业宣传和投资人教育活动；对会员之间、会员与客户之间发生的基金业务纠纷进行调解；依法办理非公开募集基金的登记、备案；协会章程规定的其他职责。

截至2020年12月31日，基金业协会共有会员4 601家，其中普通会员675家，联席会员311家，观察会员3 480家，特别会员135家。

截至2020年12月31日，基金业协会自律管理范围下的行业资产规模约58万亿元[1]，其中：公募基金19.89万亿元；私募基金15.97万亿元[2]；持牌机构私募资管计划16.83万亿元，其中证券公司资管计划规模8.55万亿元[3]，基金公司及其子公司资管计划规模8.06万亿元，期货公司资管计划规模0.22万亿元；养老金3.36万亿元；资产支持专项计划2.11万亿元。

联系电话：010-66578250
传真：010-66578256
电子邮件：amac@amac.org.cn

---

[1] 合计数中，从私募基金中剔除了顾问管理类与持牌机构资管计划重复的部分。
[2] 12月末规模为第三季度末运行规模加第四季度备案产品募集规模减清盘产品规模所得，非年末运行规模。
[3] 含大集合及私募子公司直投基金规模。

网址：www.amac.org.cn
地址：北京市西城区金融大街20号交通银行大厦B座9层（100033）

中证金融研究院

中证金融研究院（简称研究院）前身为北京证券期货研究院，成立于2012年6月，是由中国证监会直接管理的政策研究机构。研究院定位为决策支持中心、战略智库和理论学术基地，负责资本市场长期性、前瞻性、全局性和规律性问题的研究。

研究院主要职能包括：研究宏观经济和金融市场运行动态；研究拟订资本市场中长期战略规划；对资本市场法规、政策提供意见和建议；对资本市场运行质量、效率和潜在风险进行评估；对资本市场运行、发展与监管中的理论和实践问题进行专项研究；对中国证监会各部门、各单位工作中的重大事项和重要工作提供专题咨询等；协调证券期货监管系统内的研究工作；承担中国证监会博士后工作站日常管理；中国证监会交办的其他工作。

联系电话：010-85578300
传真：010-56088544、56088548
电子邮件：contact@cifcm.com
网址：www.cifcm.cn
地址：北京市西城区金融大街26号金阳大厦8层（100033）

中证信息技术服务有限责任公司

中证信息技术服务有限责任公司（简称中证技术）成立于2013年11月8日，是由中国证监会直接管理的信息技术服务机构，定位为系统开发中心。2019年12月，公司获批为中关村高新技术企业。

中证技术主要职能包括：承担证联网、监管云平台等信息基础设施的建设、运行和维护；协助统筹中国证监会监管业务系统需求，承担技术开发、建设并协助运维；协助统筹中国证监会大数据平台需求，承担应用系统、分析软件的技术开发、建设并协助运维；承担证券期货业标准与编码、信息安全、电子认证等服务工作；承办中国证监会交办的其他工作。

联系电话：010-83141900
传真：010-83141991
电子邮件：zbs@csits.org.cn
地址：北京市西城区金融大街4号金益大厦3层（100033）

中证中小投资者服务中心有限责任公司

中证中小投资者服务中心有限责任公司（简称投资者服务中心）成立于2014年12月，是由中国证监会直接管理的证券金融类公益机构。

投资者服务中心主要职能包括：面向投资者开展公益性宣传和教育；公益性持有证券等品种，以股东身份或证券持有人身份行权；受投资者委托，提供调解等纠纷解决服务；为投资者提供公益性诉讼支持及其相关工作；中国投资者网站的建设、管理和运行维护；调查、监测投资者意愿和诉求，开展战略研究与规划；代表投资者，向政府机构、监管部门反映诉求；中国证监会委托的其他业务。

截至2020年12月末，投资者服务中心持有沪深交易所4 133只上市公司股票（含科创板公司），累计行使股东权利3 490次。累计提起34起支持诉讼，已受理24起，向侵权责任主体索赔金额约1.19亿元，持续推动证券代表人诉讼制度落地。连续3年举办《股东来了》投资者权益知识竞赛与投服论坛，参与度、关注度均创新高。安全运维中国投资者网站，累计发布信息62 453篇，访问量63.49万，浏览量190.74万次。2020年1月，投资者服务中心全资子公司中证资本市场法律服务中心正式成立，全面承接原调解业务，累计受理各类证券期货纠纷12 418件，调解成功9 038

件,纠纷和解获赔金额26.96亿元,核定证券虚假陈述案投资者损失18.57亿元。

联系电话:021-50187501
传真:021-50496325
电子邮件:tfzx@isc.com.cn
地址:上海市浦东新区迎春路555号B座(200135)

资本市场学院

资本市场学院(以下简称学院)成立于2012年12月3日,是由中国证监会和深圳市政府联合举办的资本市场专业性教育培训机构。

学院主要职能包括:资本市场专业培训和职业教育;资本市场应用型研究;资本市场监管系统培训支持服务;境内外培训交流合作;其他与资本市场培训相关的业务。

2020年,学院围绕资本市场全面深化改革中心工作,面向上市公司高级管理人员、证券基金期货行业从业人员等各类资本市场资深专业人员和党政机关领导干部开展中长期人才培养和短期培训。现已开设上市公司领军人才、证券基金期货行业领军人才、深圳市金融行业领军人才等7个中长期人才培养项目,短期培训涵盖行业党建、公司治理、规范运作、资本运营、价值投资、金融科技、合规风控、拟上市公司培育等10余个领域。2020年,共开展线下培训102期,覆盖1.03万余人次;线上培训70场次,覆盖31万余人次;利用校园设施,对外承接培训、会议109场。

联系电话:0755-26650859
传真:0755-26650835
电子邮件:ccmi@ccmi.edu.cn
网址:www.ccmi.edu.cn
地址:广东省深圳市南山区沁园二路2号(518055)

附表

附表 1　证券期货市场主要统计数据（2010—2020 年）

附表 2　证券公司一览表

附表 3　基金管理公司一览表

附表 4　期货公司一览表

附表 5　合格境外投资者一览表

附表 6　合格境外投资者托管行一览表

附表 7　境外证券类机构驻华代表处一览表

附表 8　境外交易所设立驻华代表处一览表

附表 9　双边监管合作谅解备忘录一览表

附表1

证券期货市场主要统计数据（2010—2020年）

指标	单位	2010年	2011年	2012年	2013年	2014年	2015年	2016年	2017年	2018年	2019年	2020年
境内上市公司数（A、B股）	家	2 063	2 342	2 494	2 489	2 613	2 827	3 052	3 485	3 584	3 777	4 154
境内上市外资股（B股）	家	108	108	107	106	104	101	100	100	99	97	93
股票总发行股本（A、B股）	亿股	26 984.49	29 745.11	31 833.62	33 822.04	36 795.1	43 024.1	48 750.29	53 746.67	57 581.02	61 739.79	65 455.93
流通股本（A、B股）	亿股	19 442.15	22 499.86	24 778.22	29 997.12	32 289.25	37 043.37	41 136.05	45 044.87	49 047.56	52 488.06	56 353.49
股票市价总值（A、B股）	亿元	265 422.59	214 758.09	230 357.62	239 077.19	372 546.96	531 462.7	507 685.88	567 086.08	434 924.02	593 074.53	797 238.16
股票流通市值（A、B股）	亿元	193 110.41	164 921.30	181 658.26	199 579.54	315 624.31	417 880.76	393 401.68	449 298.15	353 794.19	483 327.19	643 605.29
股票成交金额	亿元	545 633.54	421 644.58	314 583.27	468 728.61	742 385.26	2 550 541.31	1 277 680.32	1 124 625.11	901 739.39	1 274 158.91	2 068 252.51
上证综合指数（收盘）	点	2 808.07	2 199.42	2 269.13	2 115.98	3 234.68	3 539.13	3 103.64	3 307.17	2 493.90	3 050.12	3 473.07
深证综合指数（收盘）	点	1 290.86	866.65	881.17	1 057.67	1 415.19	2 308.91	1 969.11	1 899.34	1 267.87	1 722.95	2 329.37
交易所债券现券成交金额	亿元	5 847.54	6 843.93	9 882.53	17 411.83	28 191.38	34 464.32	53 294.20	55 441.79	59 286.81	83 530.20	201 785.82
证券投资基金只数	只	704	914	1 173	1 551	1 899	2 723	3 873	4 848	5 792	6 111	7 490
证券投资基金规模	亿份	23 955.33	26 510.37	31 708.41	31 167.18	42 032.72	76 674.13	88 428.32	110 182.12	128 966.33	136 937.42	170 344.55
证券投资基金成交金额	亿元	8 996.44	6 365.81	8 123.61	14 785.47	47 230.89	152 684.59	111 444.32	98 051.89	102 704.60	91 679.37	2 930.04
期货总成交量	万手	156 676.46	105 408.87	145 046.24	206 177.33	250 585.57	357 791.05	413 776.83	307 102.17	301 069.67	392 156.68	602 735.44
期货总成交额	亿元	1 134 883.54	937 475.68	952 824.54	1 264 673.31	1 279 712.53	1 364 707.05	1 774 124.99	1 633 003.86	2 108 057.48	2 904 004.59	4 373 005.25

附表2　　证券公司一览表

序号	公司名称	外资参股情况		是否在中国香港地区设立分支机构
		境外股东名称	出资比例	
1	爱建证券有限责任公司			否
2	安信证券股份有限公司			是
3	安信证券资产管理有限公司			否
4	北京高华证券有限责任公司			否
5	渤海证券股份有限公司			否
6	财达证券股份有限公司			否
7	财信证券有限责任公司			否
8	财通证券股份有限公司			是
9	财通证券资产管理有限公司			否
10	长城国瑞证券有限公司			否
11	长城证券股份有限公司			否
12	长江证券（上海）资产管理有限公司			否
13	长江证券承销保荐有限公司			否
14	长江证券股份有限公司			是
15	网信证券有限责任公司			否
16	川财证券有限责任公司			否
17	大通证券股份有限公司			否
18	大同证券有限责任公司			否
19	德邦证券股份有限公司			否
20	第一创业证券承销保荐有限责任公司			否
21	第一创业证券股份有限公司			否
22	东北证券股份有限公司			否
23	东方证券承销保荐有限公司			否
24	东方证券股份有限公司			是
25	东海证券股份有限公司			是
26	东莞证券股份有限公司			否
27	东吴证券股份有限公司			是

续表

序号	公司名称	外资参股情况		是否在中国香港地区设立分支机构
		境外股东名称	出资比例	
28	东兴证券股份有限公司			是
29	方正证券股份有限公司			是
30	高盛高华证券有限责任公司	高盛集团有限公司	51.00%	否
31	光大证券股份有限公司	中国光大控股有限公司	20.83%	是
32	广发证券股份有限公司			是
33	广发证券资产管理（广东）有限公司			否
34	中信证券华南股份有限公司			否
35	国都证券股份有限公司			是
36	国海证券股份有限公司			否
37	国金证券股份有限公司			是
38	国开证券股份有限公司			否
39	国联证券股份有限公司			是
40	国盛证券有限责任公司			否
41	国泰君安证券股份有限公司			是
42	国信证券股份有限公司			是
43	国元证券股份有限公司			是
44	中天国富证券有限公司			否
45	海通证券股份有限公司			是
46	恒泰长财证券有限责任公司			否
47	恒泰证券股份有限公司			否
48	红塔证券股份有限公司			否
49	宏信证券有限责任公司			否
50	华安证券股份有限公司			否
51	华宝证券有限公司			否
52	华创证券有限责任公司			否
53	华福证券有限责任公司			是
54	华金证券股份有限公司			否
55	华林证券股份有限公司			否
56	华龙证券股份有限公司			否

续表

序号	公司名称	外资参股情况		是否在中国香港地区设立分支机构
		境外股东名称	出资比例	
57	华融证券股份有限公司			否
58	华泰联合证券有限责任公司			是
59	华泰证券（上海）资产管理有限公司			否
60	华泰证券股份有限公司			否
61	华西证券股份有限公司			否
62	华鑫证券有限责任公司			否
63	华英证券有限责任公司			否
64	江海证券有限公司			否
65	金通证券有限责任公司			否
66	金元证券股份有限公司			否
67	九州证券股份有限公司			否
68	开源证券股份有限公司			否
69	粤开证券股份有限公司			否
70	民生证券股份有限公司			否
71	摩根士丹利华鑫证券有限责任公司	摩根士丹利（亚洲）有限公司	51.00%	否
72	南京证券股份有限公司			否
73	平安证券股份有限公司			是
74	中泰证券（上海）资产管理有限公司			否
75	中泰证券股份有限公司			是
76	国融证券股份有限公司			否
77	瑞信方正证券有限责任公司	瑞士信贷银行股份有限公司	51%	否
78	瑞银证券有限责任公司	瑞士银行有限公司	51%	否
79	山西证券股份有限公司			是
80	上海东方证券资产管理有限公司			否
81	上海光大证券资产管理有限公司			否
82	上海国泰君安证券资产管理有限公司			否
83	上海海通证券资产管理有限公司			否
84	上海证券有限责任公司			否
85	申万宏源西部证券有限公司			否

续表

序号	公司名称	外资参股情况		是否在中国香港地区设立分支机构
		境外股东名称	出资比例	
86	申万宏源证券承销保荐有限责任公司			否
87	申万宏源证券有限公司			是
88	世纪证券有限责任公司			否
89	首创证券股份有限公司			否
90	太平洋证券股份有限公司			否
91	天风证券股份有限公司			是
92	万和证券股份有限公司			否
93	万联证券股份有限公司			否
94	五矿证券有限公司			否
95	西部证券股份有限公司			否
96	东方财富证券股份有限公司			否
97	西南证券股份有限公司			是
98	湘财证券股份有限公司			否
99	新时代证券股份有限公司			否
100	信达证券股份有限公司			否
101	兴业证券股份有限公司			是
102	兴证证券资产管理有限公司			否
103	银河金汇证券资产管理有限公司			否
104	银泰证券有限责任公司			否
105	英大证券有限责任公司			否
106	招商证券股份有限公司			否
107	招商证券资产管理有限公司			是
108	浙江浙商证券资产管理有限公司			否
109	浙商证券股份有限公司			否
110	中德证券有限责任公司	德意志银行股份有限公司	33.30%	否
111	中国国际金融股份有限公司	公众股东、Tencent Mobility Limited、Des Voeux Investment Company Limited	39.44%	是
112	方正证券承销保荐有限责任公司			否

续表

序号	公司名称	外资参股情况		是否在中国香港地区设立分支机构
		境外股东名称	出资比例	
113	中国银河证券股份有限公司			是
114	中国中金财富证券有限公司			是
115	中航证券有限公司			否
116	中山证券有限责任公司			否
117	中天证券股份有限公司			否
118	中信建投证券股份有限公司			是
119	中信证券（山东）有限责任公司			否
120	中信证券股份有限公司			是
121	中银国际证券股份有限公司	中银国际控股有限公司	33.42%	否
122	中邮证券有限责任公司			否
123	中原证券股份有限公司			是
124	联储证券有限责任公司			否
125	国盛证券资产管理有限公司			否
126	东证融汇证券资产管理有限公司			否
127	渤海汇金证券资产管理有限公司			否
128	申港证券股份有限公司	茂宸集团控股有限公司、民众证券有限公司、嘉泰新兴资本管理有限公司	29.32%	否
129	华兴证券有限公司	华兴金融服务（香港）有限公司	48.83%	否
130	汇丰前海证券有限责任公司	香港上海汇丰银行有限公司	51%	否
131	东亚前海证券有限责任公司	东亚银行有限公司	49%	否
132	野村东方国际证券有限公司	野村控股株式会社	51%	否
133	摩根大通证券（中国）有限公司	J.P. Morgan International Finance Limited	51%	否
134	金圆统一证券有限公司	统一综合证券股份有限公司	49%	否
135	甬兴证券有限公司			否
136	上海甬兴证券资产管理有限公司			否
137	天风（上海）证券资产管理有限公司			否
138	德邦证券资产管理有限公司			否

附表3　　　　　　　　　　基金管理公司一览表

序号	公司名称	外资参股情况 境外股东名称	出资比例	是否在相关地区设立分支机构
1	国泰基金管理有限公司	意大利忠利集团	30%	是
2	南方基金管理股份有限公司			是
3	华夏基金管理有限公司	加拿大鲍尔公司 万信投资公司	27.80%	是
4	华安基金管理有限公司			是
5	博时基金管理有限公司			是
6	鹏华基金管理有限公司	意大利欧利盛资本资产管理股份公司	49%	否
7	长盛基金管理有限公司	新加坡星展银行有限公司	33%	是
8	嘉实基金管理有限公司	德意志资产管理（亚洲）公司	30%	是
9	大成基金管理有限公司			是
10	富国基金管理有限公司	加拿大蒙特利尔银行	27.775%	是
11	易方达基金管理有限公司			是
12	宝盈基金管理有限公司			否
13	融通基金管理有限公司	日兴资产管理公司	40%	是
14	银华基金管理股份有限公司			是
15	长城基金管理有限公司			否
16	银河基金管理有限公司			否
17	泰达宏利基金管理有限公司	宏利资产管理（香港）有限公司	49%	否
18	国投瑞银基金管理有限公司	瑞士银行股份有限公司	49%	是
19	万家基金管理有限公司			否
20	金鹰基金管理有限公司			否
21	招商基金管理有限公司			是
22	华宝基金管理有限公司	华平资产管理合伙	49%	是
23	摩根士丹利华鑫基金管理有限公司	摩根士丹利国际控股公司	49%	否
24	国联安基金管理有限公司	德国安联集团	49%	否
25	海富通基金管理有限公司	法国巴黎投资管理BE控股公司	49%	是
26	长信基金管理有限责任公司			否

续表

序号	公司名称	外资参股情况		是否在相关地区设立分支机构
		境外股东名称	出资比例	
27	泰信基金管理有限公司			否
28	天治基金管理有限公司			否
29	景顺长城基金管理有限公司	景顺资产管理有限公司（英国注册）	49%	否
30	广发基金管理有限公司			是
31	兴证全球基金管理有限公司	荷兰全球人寿保险国际公司	49%	否
32	诺安基金管理有限公司			是
33	申万菱信基金管理有限公司	三菱UFJ信托银行株式会社	33%	否
34	中海基金管理有限公司	法国爱德蒙得洛希尔银行股份有限公司	25%	否
35	光大保德信基金管理有限公司	保德信投资管理有限公司	45%	否
36	华富基金管理有限公司			否
37	上投摩根基金管理有限公司	摩根富林明资产管理有限公司	49%	是
38	东方基金管理有限责任公司			否
39	中银基金管理有限公司	贝莱德投资管理（英国）有限公司	16.5%	否
40	东吴基金管理有限公司			否
41	国海富兰克林基金管理有限公司	美国坦伯顿国际股份有限公司	49%	否
42	天弘基金管理有限公司			否
43	华泰柏瑞基金管理有限公司	柏瑞投资有限责任公司	49%	否
44	新华基金管理股份有限公司			否
45	汇添富基金管理股份有限公司			是
46	工银瑞信基金管理有限公司	瑞士信贷银行股份有限公司	20%	是
47	交银施罗德基金管理有限公司	施罗德投资管理公司	30%	是
48	中信保诚基金管理有限公司	英国保诚集团股份有限公司	49%	否
49	建信基金管理有限责任公司	美国信安金融服务公司	25%	是
50	华商基金管理有限公司			否
51	汇丰晋信基金管理有限公司	汇丰环球投资管理（英国）有限公司	49%	否
52	益民基金管理有限公司			否
53	中邮创业基金管理股份有限公司	三井住友银行股份有限公司	24%	是
54	信达澳银基金管理有限公司	康联首域集团有限公司	46%	否
55	诺德基金管理有限公司			否

续表

序号	公司名称	外资参股情况		是否在相关地区设立分支机构
		境外股东名称	出资比例	
56	中欧基金管理有限公司	意大利意联银行股份合作公司	25%	是
57	金元顺安基金管理有限公司			否
58	浦银安盛基金管理有限公司	法国安盛投资管理公司	39%	否
59	农银汇理基金管理有限公司	东方汇理资产管理公司	33.33%	否
60	民生加银基金管理有限公司	加拿大皇家银行	30%	否
61	西部利得基金管理有限公司			否
62	浙商基金管理有限公司			否
63	平安基金管理有限公司	大华资产管理有限公司	17.51%	否
64	富安达基金管理有限公司			否
65	财通基金管理有限公司			否
66	方正富邦基金管理有限公司	富邦证券投资信托股份有限公司	33.33%	否
67	长安基金管理有限公司			否
68	国金基金管理有限公司			否
69	安信基金管理有限责任公司			否
70	德邦基金管理有限公司			否
71	华宸未来基金管理有限公司	未来资产基金管理公司	25%	否
72	红塔红土基金管理有限公司			否
73	英大基金管理有限公司			否
74	江信基金管理有限公司			否
75	太平基金管理有限公司	安石投资管理有限公司	8.5%	否
76	华润元大基金管理有限公司	元大证券投资信托股份有限公司	24.50%	否
77	前海开源基金管理有限公司			否
78	东海基金管理有限责任公司			否
79	中加基金管理有限公司	加拿大丰业银行	28%	是
80	兴业基金管理有限公司			否
81	中融基金管理有限公司			否
82	国开泰富基金管理有限责任公司	国泰证券投资信托股份有限公司	33.3%	否
83	中信建投基金管理有限公司			否
84	上银基金管理有限公司			否

续表

序号	公司名称	外资参股情况		是否在相关地区设立分支机构
		境外股东名称	出资比例	
85	鑫元基金管理有限公司			否
86	永赢基金管理有限公司	利安资金管理公司	28.51%	否
87	兴银基金管理有限责任公司			否
88	国寿安保基金管理有限公司	安保资本投资有限公司	14.97%	否
89	圆信永丰基金管理有限公司	永丰证券投资信托股份有限公司	49%	否
90	中金基金管理有限公司			否
91	北信瑞丰基金管理有限公司			否
92	红土创新基金管理有限公司			否
93	嘉合基金管理有限公司			否
94	创金合信基金管理有限公司			否
95	九泰基金管理有限公司			否
96	泓德基金管理有限公司			否
97	金信基金管理有限公司			否
98	新疆前海联合基金管理有限公司			否
99	新沃基金管理有限公司			否
100	中科沃土基金管理有限公司			否
101	富荣基金管理有限公司			否
102	汇安基金管理有限责任公司			否
103	先锋基金管理有限公司			否
104	中航基金管理有限公司			否
105	华泰保兴基金管理有限公司			否
106	鹏扬基金管理有限公司			否
107	恒生前海基金管理有限公司	恒生银行有限公司	70%	否
108	格林基金管理有限公司			否
109	南华基金管理有限公司			否
110	凯石基金管理有限公司			否
111	国融基金管理有限公司			否
112	东方阿尔法基金管理有限公司			否
113	恒越基金管理有限公司			否

续表

序号	公司名称	外资参股情况		是否在相关地区设立分支机构
		境外股东名称	出资比例	
114	弘毅远方基金管理有限公司			否
115	合煦智远基金管理有限公司			否
116	博道基金管理有限公司			否
117	蜂巢基金管理有限公司			否
118	中庚基金管理有限公司			否
119	湘财基金管理有限公司			否
120	睿远基金管理有限公司			否
121	朱雀基金管理有限公司			否
122	淳厚基金管理有限公司			否
123	同泰基金管理有限公司			否
124	惠升基金管理有限责任公司			否
125	西藏东财基金管理有限公司			否
126	博远基金管理有限公司			否
127	华融基金管理有限公司			否
128	明亚基金管理有限责任公司			否
129	达诚基金管理有限责任公司			否
130	兴华基金管理有限公司			否
131	东兴基金管理有限公司			否
132	瑞达基金管理有限公司			否
133	汇泉基金管理有限公司			否

附表4　　期货公司一览表

序号	名称	年度评级	外资参股情况		是否在中国香港地区设立分支机构
			境外股东名称	出资比例	
1	安粮期货股份有限公司	BBB			否
2	宝城期货有限责任公司	BBB			否
3	北京首创期货有限责任公司	B			否
4	倍特期货有限公司	BB			否
5	渤海期货股份有限公司	A			否
6	财达期货有限公司	BB			否
7	财信期货有限公司	BBB			否
8	长安期货有限公司	BB			否
9	长城期货股份有限公司	CCC			否
10	长江期货股份有限公司	A			否
11	晟鑫期货经纪有限公司	B			否
12	盛达期货有限公司	CCC			否
13	创元期货股份有限公司	BBB			否
14	大地期货有限公司	A			是
15	大连良运期货经纪有限公司	B			否
16	大通期货经纪有限公司	D			否
17	大有期货有限公司	BBB			否
18	大越期货股份有限公司	BBB			否
19	道通期货经纪有限公司	BB			否
20	第一创业期货有限责任公司	BB			否
21	东方汇金期货有限公司	CC			否
22	东海期货有限责任公司	A			否
23	东航期货有限责任公司	BBB			否
24	东吴期货有限公司	A			否
25	东兴期货有限责任公司	BBB			否
26	方正中期期货有限公司	AA			否
27	福能期货股份有限公司	BB			否

续表

序号	名称	年度评级	外资参股情况		是否在中国香港地区设立分支机构
			境外股东名称	出资比例	
28	格林大华期货有限公司	A			否
29	冠通期货股份有限公司	BB			否
30	光大期货有限公司	AA			否
31	广发期货有限公司	AA			是
32	广州金控期货有限公司	BBB			否
33	广州期货股份有限公司	BB			否
34	国盛期货有限责任公司	B			否
35	国都期货有限公司	BB			否
36	国富期货有限公司	A			否
37	国海良时期货有限公司	BBB			否
38	国金期货有限责任公司	BBB			否
39	国联期货股份有限公司	BBB			否
40	国贸期货有限公司	BBB			是
41	国泰君安期货有限公司	AA			否
42	国投安信期货有限公司	AA			否
43	国信期货有限责任公司	A			否
44	国元期货有限公司	BBB			否
45	海航期货股份有限公司	B			否
46	海通期货股份有限公司	AA			是
47	海证期货有限公司	BBB			否
48	和合期货有限公司	BB			否
49	和融期货有限责任公司	B			否
50	河北恒银期货经纪有限公司	BB			否
51	恒泰期货股份有限公司	BB			否
52	宏源期货有限公司	A			否
53	弘业期货股份有限公司	A			是
54	红塔期货有限责任公司	BBB			否
55	华安期货有限公司	BB			否
56	华创期货有限责任公司	BBB			否

续表

序号	名称	年度评级	外资参股情况 境外股东名称	出资比例	是否在中国香港地区设立分支机构
57	华金期货有限公司	BB			否
58	华联期货有限公司	BBB			否
59	华龙期货股份有限公司	CC			否
60	华融期货有限责任公司	BB			否
61	华融融达期货股份有限公司	A			否
62	华泰期货有限公司	AA			是
63	华闻期货有限公司	CC			否
64	华西期货有限责任公司	BBB			否
65	华鑫期货有限公司	D			否
66	徽商期货有限责任公司	BB			是
67	混沌天成期货股份有限公司	BBB			是
68	建信期货有限责任公司	A			否
69	江海汇鑫期货有限公司	B			否
70	江苏东华期货有限公司	B			否
71	江西瑞奇期货有限公司	BBB			否
72	津投期货经纪有限公司	B			否
73	金鹏期货经纪有限公司	BBB			否
74	金瑞期货股份有限公司	A			是
75	金石期货有限公司	BB			否
76	金信期货有限公司	BB			否
77	金元期货股份有限公司	BB			否
78	锦泰期货有限公司	BB			否
79	九州期货有限公司	BB			否
80	鲁证期货股份有限公司	AA			是
81	迈科期货股份有限公司	C			否
82	美尔雅期货有限公司	BBB			否
83	民生期货有限公司	BB			否
84	摩根大通期货有限公司	BBB	摩根大通经纪（香港）有限公司	100%	否
85	南华期货股份有限公司	AA			是

续表

序号	名称	年度评级	外资参股情况		是否在中国香港地区设立分支机构
			境外股东名称	出资比例	
86	宁证期货有限责任公司	CC			否
87	平安期货有限公司	A			否
88	乾坤期货有限公司	BB			否
89	前海期货有限公司	CCC			否
90	瑞达期货股份有限公司	A			是
91	瑞银期货有限责任公司	BB			否
92	山金期货有限公司	BB			否
93	山西三立期货经纪有限公司	BBB			否
94	上海大陆期货有限公司	CC			否
95	上海东方财富期货有限公司	BBB			否
96	上海东方期货经纪有限责任公司	D			否
97	上海东亚期货有限公司	B			否
98	上海东证期货有限公司	AA			否
99	上海浙石期货经纪有限公司	B			否
100	上海中期期货股份有限公司	BBB			否
101	深圳金汇期货经纪有限公司	BBB			否
102	申银万国期货有限公司	AA			否
103	神华期货有限公司	B			否
104	首创京都期货有限公司	BBB			否
105	天风期货股份有限公司	BBB			否
106	天富期货有限公司	B			否
107	天鸿期货经纪有限公司	B			否
108	通惠期货有限公司	B			否
109	铜冠金源期货有限公司	BB			否
110	五矿经易期货有限公司	AA			是
111	西部期货有限公司	BB			否
112	西南期货有限公司	BBB			否
113	先锋期货有限公司	BB			否

续表

序号	名称	年度评级	外资参股情况		是否在中国香港地区设立分支机构
			境外股东名称	出资比例	
114	新晟期货有限公司	BB			否
115	新湖期货股份有限公司	AA			是
116	新纪元期货股份有限公司	D			否
117	鑫鼎盛期货有限公司	B			否
118	信达期货有限公司	BBB			否
119	兴业期货有限公司	A			否
120	兴证期货有限公司	CC			否
121	一德期货有限公司	A			否
122	银河期货有限公司	AA			否
123	英大期货有限公司	BBB			否
124	永安期货股份有限公司	AA			是
125	永商期货有限公司	B			否
126	云财富期货有限公司	BBB			否
127	云晨期货有限责任公司	BB			否
128	招金期货有限公司	BB			否
129	招商期货有限公司	A			否
130	浙江新世纪期货有限公司	CC			否
131	浙商期货有限公司	AA			是
132	中财期货有限公司	BB			否
133	中大期货有限公司	BBB			是
134	中电投先融期货股份有限公司	BBB			否
135	中钢期货有限公司	BBB			否
136	中国国际期货股份有限公司	A			是
137	中航期货有限公司	B			否
138	中辉期货有限公司	CC			否
139	中金期货有限公司	A			否
140	中粮期货有限公司	A			是
141	中融汇信期货有限公司	BBB			否
142	中天期货有限责任公司	BB			否

续表

序号	名称	年度评级	外资参股情况 境外股东名称	出资比例	是否在中国香港地区设立分支机构
143	中投天琪期货有限公司	BB			否
144	中信建投期货有限公司	AA			否
145	中信期货有限公司	AA			是
146	中衍期货有限公司	BBB			否
147	中银国际期货有限责任公司	A			否
148	中原期货股份有限公司	BBB			否
149	中州期货有限公司	BB			否

附表5　　合格境外投资者一览表

序号	中文名称	注册地	批准日期	主托管行
1	瑞士银行	瑞士	2003/5/23	花旗银行
2	野村证券株式会社	日本	2003/5/23	农业银行
3	摩根士丹利国际股份有限公司	英国	2003/6/5	汇丰银行
4	花旗环球金融有限公司	英国	2003/6/5	德意志银行
5	高盛公司	美国	2003/7/4	汇丰银行
6	德意志银行	德国	2003/7/30	花旗银行
7	中国香港上海汇丰银行有限公司	中国香港	2003/8/4	建设银行
8	摩根大通银行	美国	2003/9/30	汇丰银行
9	瑞士信贷（香港）有限公司	中国香港	2003/10/24	汇丰银行
10	渣打银行（香港）有限公司	中国香港	2003/12/11	中国银行
11	日兴资产管理有限公司	日本	2003/12/11	交通银行
12	美林国际	英国	2004/4/30	汇丰银行
13	恒生银行有限公司	中国香港	2004/5/10	建设银行
14	大和证券株式会社	日本	2004/5/10	工商银行
15	比尔及梅林达盖茨信托基金会	美国	2004/7/19	汇丰银行
16	景顺资产管理有限公司	英国	2004/8/4	中国银行
17	法国兴业银行	法国	2004/9/2	汇丰银行
18	巴克莱银行	英国	2004/9/15	渣打银行
19	德国商业银行	德国	2004/9/27	工商银行
20	法国巴黎银行	法国	2004/9/29	工商银行
21	加拿大鲍尔公司	加拿大	2004/10/15	建设银行
22	东方汇理银行	法国	2004/10/15	汇丰银行
23	高盛国际资产管理公司	英国	2005/5/9	汇丰银行
24	马丁可利投资管理有限公司	英国	2005/10/25	花旗银行
25	新加坡政府投资有限公司	新加坡	2005/10/25	渣打银行
26	柏瑞投资有限责任公司	美国	2005/11/14	中国银行
27	淡马锡富敦投资有限公司	新加坡	2005/11/15	汇丰银行
28	JF 资产管理有限公司	中国香港	2005/12/28	建设银行

续表

序号	中文名称	注册地	批准日期	主托管行
29	日本第一生命保险株式会社	日本	2005/12/28	中国银行
30	星展银行有限公司	新加坡	2006/2/13	农业银行
31	安保资本投资有限公司	澳大利亚	2006/4/10	建设银行
32	加拿大丰业银行	加拿大	2006/4/10	中国银行
33	比联金融产品英国有限公司	英国	2006/4/10	花旗银行
34	爱德蒙得洛希尔（法国）	法国	2006/4/10	中国银行
35	耶鲁大学	美国	2006/4/14	汇丰银行
36	摩根士丹利投资管理公司	美国	2006/7/7	汇丰银行
37	瀚亚投资（香港）有限公司	中国香港	2006/7/7	农业银行
38	斯坦福大学	美国	2006/8/5	汇丰银行
39	大华银行有限公司	新加坡	2006/8/5	工商银行
40	施罗德投资管理有限公司	英国	2006/8/29	交通银行
41	汇丰环球投资管理（香港）有限公司	中国香港	2006/9/5	交通银行
42	瑞穗证券株式会社	日本	2006/9/5	建设银行
43	三井住友德思资产管理株式会社	日本	2006/9/25	花旗银行
44	瑞银资产管理（新加坡）有限公司	新加坡	2006/9/25	汇丰银行
45	挪威中央银行	挪威	2006/10/24	花旗银行
46	百达资产管理有限公司	英国	2006/10/25	汇丰银行
47	哥伦比亚大学	美国	2008/3/12	汇丰银行
48	荷宝基金管理公司	荷兰	2008/5/5	花旗银行
49	道富环球投资管理亚洲有限公司	中国香港	2008/5/16	建设银行
50	比利时联合资产管理有限公司	比利时	2008/6/2	工商银行
51	铂金投资管理有限公司	澳大利亚	2008/6/2	汇丰银行
52	未来资产基金管理公司	韩国	2008/7/25	工商银行
53	安达国际控股有限公司	美国	2008/8/5	工商银行
54	魁北克储蓄投资集团	加拿大	2008/8/22	汇丰银行
55	哈佛大学	美国	2008/8/22	工商银行
56	三星资产运用株式会社	韩国	2008/8/25	汇丰银行
57	联博有限公司	英国	2008/8/28	汇丰银行
58	华侨银行有限公司	新加坡	2008/8/28	建设银行

续表

序号	中文名称	注册地	批准日期	主托管行
59	首源投资（英国）有限公司	英国	2008/9/11	花旗银行
60	大和资产管理株式会社	日本	2008/9/11	中国银行
61	普信投资公司	美国	2008/9/12	汇丰银行
62	壳牌资产管理有限公司	荷兰	2008/9/12	花旗银行
63	瑞士信贷银行股份有限公司	瑞士	2008/10/14	工商银行
64	大华资产管理有限公司	新加坡	2008/11/28	工商银行
65	阿布达比投资局	阿联酋	2008/12/3	汇丰银行
66	安联环球投资有限公司	德国	2008/12/16	汇丰银行
67	资本国际公司	美国	2008/12/18	汇丰银行
68	三菱日联摩根士丹利证券股份有限公司	日本	2008/12/29	中国银行
69	韩华资产运用株式会社	韩国	2009/2/5	工商银行
70	安石股票投资管理（美国）有限公司	美国	2009/2/10	汇丰银行
71	韩国产业银行	韩国	2009/4/23	建设银行
72	韩国友利银行股份有限公司	韩国	2009/5/4	工商银行
73	马来西亚国家银行	马来西亚	2009/5/19	汇丰银行
74	邓普顿投资顾问有限公司	美国	2009/6/5	汇丰银行
75	东亚联丰投资管理有限公司	中国香港	2009/6/18	工商银行
76	三井住友信托银行股份有限公司	日本	2009/6/26	花旗银行
77	韩国投资信托运用株式会社	韩国	2009/7/21	工商银行
78	霸菱资产管理有限公司	英国	2009/8/6	汇丰银行
79	安石投资管理有限公司	英国	2009/9/14	汇丰银行
80	纽约梅隆资产管理国际有限公司	英国	2009/11/6	建设银行
81	宏利投资管理（香港）有限公司	中国香港	2009/11/20	工商银行
82	野村资产管理株式会社	日本	2009/11/23	工商银行
83	友利资产运用株式会社	韩国	2009/12/11	汇丰银行
84	加拿大皇家银行	加拿大	2009/12/23	工商银行
85	英杰华投资集团全球服务有限公司	英国	2009/12/28	工商银行
86	顶峰资产管理有限公司	日本	2010/4/20	汇丰银行
87	法国欧菲资产管理公司	法国	2010/5/21	渣打银行
88	安本亚洲资产管理公司	新加坡	2010/7/6	花旗银行

续表

序号	中文名称	注册地	批准日期	主托管行
89	KB 资产运用	韩国	2010/8/9	花旗银行
90	富达基金（香港）有限公司	中国香港	2010/9/1	汇丰银行
91	美盛投资（欧洲）有限公司	英国	2010/10/8	汇丰银行
92	香港金融管理局	中国香港	2010/10/27	花旗银行
93	富邦证券投资信托股份有限公司	中国台湾	2010/10/29	建设银行
94	群益证券投资信托股份有限公司	中国台湾	2010/10/29	汇丰银行
95	蒙特利尔银行投资公司	加拿大	2010/12/6	工商银行
96	瑞士宝盛银行	瑞士	2010/12/14	花旗银行
97	科提比资产运用株式会社	韩国	2010/12/28	建设银行
98	领先资产管理	法国	2011/2/16	建设银行
99	元大证券投资信托股份有限公司	中国台湾	2011/3/4	农业银行
100	忠利保险有限公司	意大利	2011/3/18	工商银行
101	西班牙对外银行有限公司	西班牙	2011/5/6	中信银行
102	国泰证券投资信托股份有限公司	中国台湾	2011/6/9	农业银行
103	复华证券投资信托股份有限公司	中国台湾	2011/6/9	花旗银行
104	亢简资产管理公司	法国	2011/6/24	德意志银行
105	贝莱德机构信托公司	美国	2011/7/14	汇丰银行
106	东方汇理资产管理香港有限公司	中国香港	2011/7/14	建设银行
107	GMO 有限责任公司	美国	2011/8/9	汇丰银行
108	新加坡金融管理局	新加坡	2011/10/8	汇丰银行
109	中国人寿保险股份有限公司（台湾）	中国台湾	2011/10/26	建设银行
110	新光人寿保险股份有限公司	中国台湾	2011/10/26	中国银行
111	普林斯顿大学	美国	2011/11/25	汇丰银行
112	泛达公司	美国	2011/12/9	工商银行
113	加拿大年金计划投资委员会	加拿大	2011/12/9	汇丰银行
114	瀚博环球投资公司	美国	2011/12/13	渣打银行
115	安耐德合伙人有限公司	美国	2011/12/13	建设银行
116	泰国银行	泰国	2011/12/16	汇丰银行
117	博时基金（国际）有限公司	中国香港	2011/12/21	汇丰银行
118	大成国际资产管理有限公司	中国香港	2011/12/21	中国银行

续表

序号	中文名称	注册地	批准日期	主托管行
119	华安资产管理（香港）有限公司	中国香港	2011/12/21	建设银行
120	科威特政府投资局	科威特	2011/12/21	工商银行
121	北美信托环球投资公司	英国	2011/12/21	交通银行
122	台湾人寿保险股份有限公司	中国台湾	2011/12/21	工商银行
123	韩国银行	韩国	2011/12/21	汇丰银行
124	海富通资产管理（香港）有限公司	中国香港	2011/12/21	中国银行
125	华夏基金（香港）有限公司	中国香港	2011/12/21	汇丰银行
126	汇添富资产管理（香港）有限公司	中国香港	2011/12/21	中国银行
127	嘉实国际资产管理有限公司	中国香港	2011/12/21	中国银行
128	南方东英资产管理有限公司	中国香港	2011/12/21	汇丰银行
129	易方达资产管理（香港）有限公司	中国香港	2011/12/21	建设银行
130	中国国际金融（香港）有限公司	中国香港	2011/12/22	渣打银行
131	国信证券（香港）金融控股有限公司	中国香港	2011/12/22	中国银行
132	光大证券金融控股有限公司	中国香港	2011/12/22	工商银行
133	华泰金融控股（香港）有限公司	中国香港	2011/12/22	中国银行
134	国泰君安金融控股有限公司	中国香港	2011/12/22	工商银行
135	海通国际控股有限公司	中国香港	2011/12/22	汇丰银行
136	广发控股（香港）有限公司	中国香港	2011/12/22	工商银行
137	招商证券国际有限公司	中国香港	2011/12/22	交通银行
138	申万宏源（国际）集团有限公司	中国香港	2011/12/22	交通银行
139	中信证券国际有限公司	中国香港	2011/12/22	中国银行
140	安信国际金融控股有限公司	中国香港	2011/12/22	汇丰银行
141	国元国际控股有限公司	中国香港	2011/12/22	汇丰银行
142	安大略省教师养老金计划委员会	加拿大	2011/12/22	汇丰银行
143	罗素投资爱尔兰有限公司	爱尔兰	2011/12/28	汇丰银行
144	韩国投资公司	韩国	2011/12/28	汇丰银行
145	迈世勒资产管理有限责任公司	德国	2011/12/31	工商银行
146	华宜资产运用有限公司	韩国	2011/12/31	工商银行
147	国民年金公团（韩国）	韩国	2012/1/5	汇丰银行
148	新韩法国巴黎资产运用株式会社	韩国	2012/1/5	汇丰银行

续表

序号	中文名称	注册地	批准日期	主托管行
149	三商美邦人寿保险股份有限公司	中国台湾	2012/1/30	汇丰银行
150	保德信证券投资信托股份有限公司	中国台湾	2012/1/31	汇丰银行
151	信安环球投资有限公司	美国	2012/1/31	建设银行
152	医院管理局公积金计划	中国香港	2012/1/31	汇丰银行
153	全球人寿保险股份有限公司	中国台湾	2012/2/3	花旗银行
154	大众信托基金有限公司	马来西亚	2012/2/3	花旗银行
155	明治安田资产管理有限公司	日本	2012/2/27	花旗银行
156	国泰人寿保险股份有限公司	中国台湾	2012/2/28	中国银行
157	三井住友银行株式会社	日本	2012/2/28	中国银行
158	富邦人寿保险股份有限公司	中国台湾	2012/3/1	花旗银行
159	友邦保险有限公司	中国香港	2012/3/5	中国银行
160	纽伯格伯曼欧洲有限公司	英国	2012/3/5	工商银行
161	马来西亚国库控股公司	马来西亚	2012/3/7	工商银行
162	资金研究与管理公司	美国	2012/3/9	汇丰银行
163	日本东京海上资产管理株式会社	日本	2012/3/14	汇丰银行
164	韩亚金融投资株式会社	韩国	2012/3/29	汇丰银行
165	兴元资产管理有限公司	美国	2012/3/30	德意志银行
166	伦敦市投资管理有限公司	英国	2012/3/30	汇丰银行
167	摩根资产管理（英国）有限公司	英国	2012/3/30	工商银行
168	冈三资产管理股份有限公司	日本	2012/3/30	汇丰银行
169	预知投资管理公司	南非	2012/4/18	工商银行
170	骏利资产管理有限公司	美国	2012/4/20	汇丰银行
171	东部资产运用株式会社	韩国	2012/4/20	建设银行
172	瀚森全球投资有限公司	英国	2012/4/28	渣打银行
173	欧利盛资产管理有限公司	卢森堡	2012/5/2	工商银行
174	中银国际英国保诚资产管理有限公司	中国香港	2012/5/3	渣打银行
175	富敦资金管理有限公司	新加坡	2012/5/4	汇丰银行
176	利安资金管理公司	新加坡	2012/5/7	中国银行
177	忠利银行基金管理卢森堡有限责任公司	卢森堡	2012/5/23	建设银行
178	威廉博莱公司	美国	2012/5/24	汇丰银行

续表

序号	中文名称	注册地	批准日期	主托管行
179	天达资产管理有限公司	英国	2012/5/28	汇丰银行
180	安智投资管理亚太（香港）有限公司	中国香港	2012/6/4	花旗银行
181	三菱日联国际资产管理公司	日本	2012/6/4	汇丰银行
182	中银集团人寿保险有限公司	中国香港	2012/7/12	农业银行
183	霍尔资本有限公司	美国	2012/8/6	花旗银行
184	得克萨斯大学体系董事会	美国	2012/8/6	汇丰银行
185	南山人寿保险股份有限公司	中国台湾	2012/8/6	工商银行
186	工银瑞信资产管理（国际）有限公司	中国香港	2012/8/7	汇丰银行
187	广发国际资产管理有限公司	中国香港	2012/8/7	工商银行
188	SUVA 瑞士国家工伤保险机构	瑞士	2012/8/13	花旗银行
189	不列颠哥伦比亚省投资管理公司	加拿大	2012/8/17	汇丰银行
190	惠理基金管理香港有限公司	中国香港	2012/8/21	汇丰银行
191	安大略退休金管理委员会	加拿大	2012/8/29	汇丰银行
192	教会养老基金	美国	2012/8/31	工商银行
193	麦格理银行有限公司	澳大利亚	2012/9/4	汇丰银行
194	海通国际资产管理（香港）有限公司	中国香港	2012/9/20	交通银行
195	IDG 资本管理（香港）有限公司	中国香港	2012/9/20	建设银行
196	瑞典第二国家养老金	瑞典	2012/9/20	汇丰银行
197	杜克大学	美国	2012/9/24	工商银行
198	卡塔尔控股有限责任公司	卡塔尔	2012/9/25	农业银行
199	瑞士盈丰银行股份有限公司	瑞士	2012/9/26	花旗银行
200	贝莱德资产管理北亚有限公司	中国香港	2012/10/26	汇丰银行
201	海拓投资管理公司	美国	2012/10/26	中国银行
202	奥博医疗顾问有限公司	美国	2012/10/26	花旗银行
203	上投摩根资产管理（香港）有限公司	中国香港	2012/10/26	中国银行
204	新思路投资有限公司	新加坡	2012/10/26	汇丰银行
205	摩根证券投资信托股份有限公司	中国台湾	2012/11/5	建设银行
206	全球保险集团美国投资管理有限公司	美国	2012/11/5	花旗银行
207	鼎晖投资咨询新加坡有限公司	新加坡	2012/11/7	建设银行
208	瑞典北欧斯安银行有限公司	瑞典	2012/11/12	中国银行

续表

序号	中文名称	注册地	批准日期	主托管行
209	道明资产管理公司	加拿大	2012/11/21	汇丰银行
210	统一证券投资信托股份有限公司	中国台湾	2012/11/21	汇丰银行
211	毕盛资产管理有限公司	新加坡	2012/11/27	建设银行
212	中信里昂资产管理有限公司	中国香港	2012/12/11	工商银行
213	太平洋投资策略有限公司	中国香港	2012/12/11	建设银行
214	高瓴资本管理有限公司	新加坡	2012/12/11	建设银行
215	永丰证券投资信托股份有限公司	中国台湾	2012/12/13	工商银行
216	富国资产管理（香港）有限公司	中国香港	2012/12/17	汇丰银行
217	国投瑞银资产管理（香港）有限公司	中国香港	2012/12/17	中国银行
218	宜思投资管理有限责任公司	瑞典	2013/1/7	花旗银行
219	第一金证券投资信托股份有限公司	中国台湾	2013/1/24	汇丰银行
220	瑞银资产管理（香港）有限公司	中国香港	2013/1/24	汇丰银行
221	太平洋投资管理公司亚洲私营有限公司	新加坡	2013/1/24	汇丰银行
222	EJS 投资管理有限公司	瑞士	2013/1/31	交通银行
223	国泰君安资产管理（亚洲）有限公司	中国香港	2013/2/21	交通银行
224	诺安基金（香港）有限公司	中国香港	2013/2/22	工商银行
225	招商证券资产管理（香港）有限公司	中国香港	2013/2/22	交通银行
226	泰康资产管理（香港）有限公司	中国香港	2013/2/22	工商银行
227	国民证券株式会社	韩国	2013/3/22	建设银行
228	工银亚洲投资管理有限公司	中国香港	2013/3/25	建设银行
229	建银国际资产管理有限公司	中国香港	2013/3/25	工商银行
230	AZ 基金管理股份有限公司	卢森堡	2013/4/11	汇丰银行
231	亚洲资本再保险集团私人有限公司	新加坡	2013/4/11	花旗银行
232	兴证（香港）金融控股有限公司	中国香港	2013/4/25	兴业银行
233	台新证券投资信托股份有限公司	中国台湾	2013/4/27	建设银行
234	汇丰中华证券投资信托股份有限公司	中国台湾	2013/5/10	交通银行
235	农银国际资产管理有限公司	中国香港	2013/5/15	中国银行
236	太平资产管理（香港）有限公司	中国香港	2013/5/15	建设银行
237	东吴证券（国际）金融控股有限公司	中国香港	2013/5/16	中国银行
238	中国国际金融香港资产管理有限公司	中国香港	2013/5/16	建设银行

续表

序号	中文名称	注册地	批准日期	主托管行
239	东方金融控股（香港）有限公司	中国香港	2013/5/23	中国银行
240	中国光大资产管理有限公司	中国香港	2013/5/30	汇丰银行
241	恒生投资管理有限公司	中国香港	2013/6/4	建设银行
242	兆丰国际证券投资信托股份有限公司	中国台湾	2013/6/4	德意志银行
243	法国巴黎投资管理亚洲有限公司	中国香港	2013/6/19	中国银行
244	圣母大学	美国	2013/6/19	汇丰银行
245	横华国际资产管理有限公司	中国香港	2013/7/15	交通银行
246	长江证券控股（香港）有限公司	中国香港	2013/7/15	汇丰银行
247	纽堡亚洲	美国	2013/7/15	汇丰银行
248	华南永昌证券投资信托股份有限公司	中国台湾	2013/7/15	花旗银行
249	景林资产管理香港有限公司	中国香港	2013/7/15	汇丰银行
250	中银香港资产管理有限公司	中国香港	2013/7/15	农业银行
251	中国平安资产管理（香港）有限公司	中国香港	2013/7/19	中国银行
252	信达国际资产管理有限公司	中国香港	2013/7/19	建设银行
253	弘收投资管理（香港）有限公司	中国香港	2013/7/19	工商银行
254	东亚银行有限公司	中国香港	2013/8/15	中国银行
255	永丰金资产管理（亚洲）有限公司	中国香港	2013/8/15	工商银行
256	交银国际资产管理有限公司	中国香港	2013/8/20	汇丰银行
257	中国东方国际资产管理有限公司	中国香港	2013/8/20	中国银行
258	中国信托人寿保险股份有限公司	中国台湾	2013/8/20	中国银行
259	凯思博投资管理（香港）有限公司	中国香港	2013/8/20	工商银行
260	富邦产物保险股份有限公司	中国台湾	2013/8/26	工商银行
261	欧特咨询有限公司	英国	2013/8/26	汇丰银行
262	盛树投资管理有限公司	新加坡	2013/8/26	汇丰银行
263	柏瑞投资香港有限公司	中国香港	2013/9/26	汇丰银行
264	创兴银行有限公司	中国香港	2013/9/26	建设银行
265	梅奥诊所	美国	2013/9/29	汇丰银行
266	国信证券（香港）资产管理有限公司	中国香港	2013/9/29	工商银行
267	新加坡科技资产管理有限公司	新加坡	2013/10/18	渣打银行
268	政府养老基金（泰国）	泰国	2013/10/24	建设银行

续表

序号	中文名称	注册地	批准日期	主托管行
269	CSAM 资产管理有限公司	新加坡	2013/10/30	建设银行
270	摩根资产管理（亚太）有限公司	中国香港	2013/10/30	建设银行
271	未来资产环球投资（香港）有限公司	中国香港	2013/10/30	工商银行
272	香港沪光国际投资管理有限公司	中国香港	2013/10/30	中国银行
273	中信建投（国际）金融控股有限公司	中国香港	2013/10/30	中国银行
274	狮诚控股国际私人有限公司	新加坡	2013/10/30	汇丰银行
275	中国人寿富兰克林资产管理有限公司	中国香港	2013/10/30	建设银行
276	瑞银韩亚资产运用株式会社	韩国	2013/10/31	汇丰银行
277	国泰世华商业银行股份有限公司	中国台湾	2013/11/7	工商银行
278	立陶宛银行	立陶宛	2013/11/23	汇丰银行
279	富兰克林华美证券投资信托股份有限公司	中国台湾	2013/11/23	农业银行
280	中国信托商业银行股份有限公司	中国台湾	2013/11/23	中国银行
281	国金证券（香港）有限公司	中国香港	2013/12/6	建设银行
282	中国银河国际金融控股有限公司	中国香港	2013/12/11	汇丰银行
283	永隆资产管理有限公司	中国香港	2013/12/30	交通银行
284	华宝资产管理（香港）有限公司	中国香港	2014/1/20	中国银行
285	易亚投资管理有限公司	中国香港	2014/1/20	德意志银行
286	华盛顿大学	美国	2014/1/23	汇丰银行
287	澳门金融管理局	澳门	2014/1/27	中国银行
288	史帝夫尼可洛司股份有限公司	美国	2014/1/27	汇丰银行
289	职总英康保险合作社有限公司	新加坡	2014/1/27	汇丰银行
290	Invesco PowerShares 资产管理有限公司	美国	2014/1/27	建设银行
291	瑞士再保险私人有限公司	瑞士	2014/1/27	花旗银行
292	Nordea 投资管理公司	瑞典	2014/1/27	汇丰银行
293	嘉理资产管理有限公司	中国香港	2014/3/6	建设银行
294	施罗德投资管理（香港）有限公司	中国香港	2014/3/6	汇丰银行
295	街口证券投资信托股份有限公司	中国台湾	2014/3/11	工商银行
296	喀斯喀特有限责任公司	美国	2014/3/11	德意志银行
297	交银施罗德资产管理（香港）有限公司	中国香港	2014/3/12	汇丰银行
298	铭基国际投资公司	美国	2014/3/12	汇丰银行

续表

序号	中文名称	注册地	批准日期	主托管行
299	奥本海默基金公司	美国	2014/3/19	汇丰银行
300	越秀资产管理有限公司	中国香港	2014/3/26	德意志银行
301	润晖投资管理香港有限公司	中国香港	2014/3/27	建设银行
302	高观投资有限公司	中国香港	2014/4/8	汇丰银行
303	赤子之心资本亚洲有限公司	中国香港	2014/4/15	花旗银行
304	招商资产（香港）有限公司	中国香港	2014/5/21	交通银行
305	日兴资产管理亚洲有限公司	新加坡	2014/5/21	中国银行
306	辉立资本管理（香港）有限公司	中国香港	2014/6/3	渣打银行
307	台新国际商业银行股份有限公司	中国台湾	2014/6/3	建设银行
308	长盛基金（香港）有限公司	中国香港	2014/6/12	工商银行
309	贝莱德顾问（英国）有限公司	英国	2014/6/13	汇丰银行
310	汇丰环球资产管理（英国）有限公司	英国	2014/6/16	交通银行
311	花旗集团基金管理有限公司	中国香港	2014/6/16	德意志银行
312	中泰金融国际有限公司	中国香港	2014/6/27	交通银行
313	三星资产运用（香港）有限公司	中国香港	2014/6/30	花旗银行
314	爱斯普乐基金管理公司	韩国	2014/7/24	花旗银行
315	新华资产管理（香港）有限公司	中国香港	2014/7/24	建设银行
316	彭博家族基金会	美国	2014/7/25	汇丰银行
317	元富证券（香港）有限公司	中国香港	2014/7/28	渣打银行
318	石溪集团	美国	2014/7/28	汇丰银行
319	国泰君安基金管理有限公司	中国香港	2014/8/11	工商银行
320	财通国际资产管理有限公司	中国香港	2014/8/12	工商银行
321	联博香港有限公司	中国香港	2014/8/12	建设银行
322	元大宝来证券（香港）有限公司	中国香港	2014/8/15	中国银行
323	安本亚洲资产管理有限公司	新加坡	2014/8/15	花旗银行
324	法国巴黎投资管理	法国	2014/8/27	汇丰银行
325	晋达英国有限公司	英国	2014/8/28	汇丰银行
326	凯敏雅克资产管理公司	法国	2014/9/19	汇丰银行
327	麻省理工学院	美国	2014/9/19	汇丰银行
328	万金全球香港有限公司	中国香港	2014/9/22	花旗银行

续表

序号	中文名称	注册地	批准日期	主托管行
329	高盛国际	英国	2014/9/22	汇丰银行
330	安盛基金管理有限公司	卢森堡	2014/10/8	汇丰银行
331	融通国际资产管理有限公司	中国香港	2014/10/8	工商银行
332	上海商业银行有限公司	中国香港	2014/10/13	交通银行
333	中诚国际资本有限公司	中国香港	2014/10/31	交通银行
334	亨茂资产管理有限公司	中国香港	2014/11/19	工商银行
335	赛德堡资本（英国）有限公司	英国	2014/11/19	建设银行
336	霸菱资产管理（亚洲）有限公司	中国香港	2014/11/25	汇丰银行
337	信安环球投资（香港）有限公司	中国香港	2014/11/25	建设银行
338	施罗德投资管理（新加坡）有限公司	新加坡	2014/12/1	汇丰银行
339	未来资产环球投资有限公司	韩国	2014/12/4	工商银行
340	威灵顿投资管理国际有限公司	英国	2014/12/10	汇丰银行
341	加拿大丰业亚洲有限公司	新加坡	2014/12/12	中国银行
342	摩根资产管理（新加坡）有限公司	新加坡	2014/12/24	建设银行
343	NH-AMUNDI资产管理有限公司	韩国	2014/12/26	汇丰银行
344	富舜资产管理（香港）有限公司	中国香港	2014/12/26	中国银行
345	申万宏源投资管理（亚洲）有限公司	中国香港	2014/12/30	工商银行
346	宾夕法尼亚大学校董会	美国	2015/1/5	汇丰银行
347	广发资产管理（香港）有限公司	中国香港	2015/1/7	工商银行
348	路伯迈新加坡有限公司	新加坡	2015/1/22	渣打银行
349	TRUSTON资产管理有限公司	韩国	2015/1/22	汇丰银行
350	大信资产运用株式会社	韩国	2015/1/22	中国银行
351	麦盛资产管理（亚洲）有限公司	中国香港	2015/1/22	兴业银行
352	景顺投资管理有限公司	中国香港	2015/2/6	汇丰银行
353	MY Asset投资管理有限公司	韩国	2015/2/6	汇丰银行
354	德意志资产及财富管理投资有限公司	德国	2015/2/6	汇丰银行
355	新韩金融投资公司	韩国	2015/2/16	汇丰银行
356	兴国资产管理公司	韩国	2015/2/16	汇丰银行
357	英杰华投资亚洲私人有限公司	新加坡	2015/2/17	汇丰银行
358	中国建设银行（伦敦）有限公司	英国	2015/2/17	汇丰银行

续表

序号	中文名称	注册地	批准日期	主托管行
359	达杰资金管理有限公司	新加坡	2015/2/27	汇丰银行
360	玉山商业银行股份有限公司	中国台湾	2015/2/27	中国银行
361	KKR 新加坡有限公司	新加坡	2015/3/2	建设银行
362	领航投资澳洲有限公司	澳大利亚	2015/3/2	汇丰银行
363	兴元投资管理有限公司	英国	2015/3/6	德意志银行
364	未来资产大宇株式会社	韩国	2015/3/25	汇丰银行
365	加利福尼亚大学校董会	美国	2015/3/25	德意志银行
366	信诚资产管理（新加坡）有限公司	新加坡	2015/3/31	德意志银行
367	三星生命保险（株）	韩国	2015/3/31	中国银行
368	教保安盛资产运用（株）	韩国	2015/4/2	汇丰银行
369	迈睿思资产管理有限公司	韩国	2015/4/8	交通银行
370	安联环球投资新加坡有限公司	新加坡	2015/4/8	汇丰银行
371	方圆基金管理（香港）有限公司	中国香港	2015/4/8	中国银行
372	三星证券株式会社	韩国	2015/4/17	汇丰银行
373	GAM 国际管理有限公司	英国	2015/4/17	汇丰银行
374	华宜资产运用株式会社	韩国	2015/5/6	工商银行
375	嘉实国际资产管理（英国）有限公司	英国	2015/5/6	汇丰银行
376	文莱投资局	文莱	2015/5/7	渣打银行
377	台湾银行股份有限公司	中国台湾	2015/5/20	汇丰银行
378	淡水泉（香港）投资管理有限公司	中国香港	2015/5/20	汇丰银行
379	安联证券投资信托股份有限公司	中国台湾	2015/5/21	德意志银行
380	瑞士再保险股份有限公司	瑞士	2015/6/2	汇丰银行
381	安信资产管理（香港）有限公司	中国香港	2015/6/2	汇丰银行
382	日盛证券投资信托股份有限公司	中国台湾	2015/6/2	德意志银行
383	蓝海资产管理公司	英国	2015/6/26	汇丰银行
384	KB 资产运用有限公司	韩国	2015/6/29	汇丰银行
385	CI 投资管理公司	加拿大	2015/6/29	汇丰银行
386	泛亚投资管理有限公司	瑞士	2015/6/29	汇丰银行
387	元大证券株式会社	韩国	2015/7/28	汇丰银行
388	大信证券（株）	韩国	2015/7/28	汇丰银行

续表

序号	中文名称	注册地	批准日期	主托管行
389	UBI 资产管理公司	法国	2015/7/28	工商银行
390	韩国投资证券株式会社	韩国	2015/8/10	汇丰银行
391	IBK 投资证券株式会社	韩国	2015/8/10	汇丰银行
392	三星火灾海上保险公司	韩国	2015/8/31	汇丰银行
393	东方汇理资产管理新加坡有限公司	新加坡	2015/8/31	农业银行
394	Multi Asset 基金管理公司	韩国	2015/8/31	汇丰银行
395	忠诚保险有限公司	葡萄牙	2015/8/31	工商银行
396	东方汇理资产管理	法国	2015/9/17	汇丰银行
397	Kiwoom 投资资产管理有限公司	韩国	2015/9/23	汇丰银行
398	现代投资公司（株）	韩国	2015/10/9	汇丰银行
399	挚信投资顾问（香港）有限公司	中国香港	2015/10/12	工商银行
400	中国工商银行（欧洲）有限公司	卢森堡	2015/11/2	汇丰银行
401	瀚亚证券投资信托股份有限公司	中国台湾	2015/11/2	汇丰银行
402	中国银行（卢森堡）有限公司	卢森堡	2015/11/3	渣打银行
403	柏瑞证券投资信托股份有限公司	中国台湾	2015/11/24	花旗银行
404	广发国际资产管理（英国）有限公司	英国	2015/12/10	汇丰银行
405	保宁资产有限公司	英国	2016/1/13	花旗银行
406	贝莱德（新加坡）有限公司	新加坡	2016/1/25	汇丰银行
407	野村资产管理德国有限公司	德国	2016/2/1	汇丰银行
408	法国工商信贷银行有限公司	法国	2016/2/22	渣打银行
409	忠利投资卢森堡有限公司	卢森堡	2016/2/22	建设银行
410	OCTO 资产管理公司	法国	2016/2/26	工商银行
411	Avanda 投资管理私人有限公司	新加坡	2016/3/15	汇丰银行
412	瀚亚投资（新加坡）有限公司	新加坡	2016/3/17	汇丰银行
413	国泰全球投资管理有限公司	中国香港	2016/3/17	建设银行
414	广发金融交易（英国）有限公司	英国	2016/4/1	工商银行
415	安盛投资管理有限公司（巴黎）	法国	2016/4/1	浦发银行
416	辉立资金管理有限公司	新加坡	2016/4/26	工商银行
417	第一商业银行股份有限公司	中国台湾	2016/5/3	汇丰银行
418	迈达思基金管理有限公司	韩国	2016/5/6	渣打银行

续表

序号	中文名称	注册地	批准日期	主托管行
419	富达投资管理（新加坡）有限公司	新加坡	2016/6/6	花旗银行
420	爱德蒙得洛希尔资产管理（法国）有限公司	法国	2016/6/8	建设银行
421	荷宝卢森堡股份有限公司	卢森堡	2016/6/8	德意志银行
422	海汇通资产管理有限公司	新加坡	2016/7/19	工商银行
423	元大证券股份有限公司	中国台湾	2016/7/19	交通银行
424	工银国际资产管理有限公司	中国香港	2016/7/19	农业银行
425	有进投资证券公司	韩国	2016/8/12	汇丰银行
426	中国光大证券资产管理有限公司	中国香港	2016/8/12	交通银行
427	株式会社新韩银行	韩国	2016/8/22	汇丰银行
428	领航集团有限公司	美国	2016/9/1	汇丰银行
429	开泰基金管理有限公司	泰国	2016/9/9	汇丰银行
430	中邮创业国际资产管理有限公司	中国香港	2016/9/9	中国银行
431	摩根大通证券股份有限公司	英国	2016/9/28	汇丰银行
432	罗素投资管理（澳大利亚）有限公司	澳大利亚	2016/10/27	汇丰银行
433	贝莱德基金顾问公司	美国	2016/11/25	汇丰银行
434	Lemanik 资产管理股份有限公司	卢森堡	2016/11/25	工商银行
435	锋裕资产管理公司	卢森堡	2016/12/20	汇丰银行
436	招银国际资产管理有限公司	中国香港	2017/1/5	中国银行
437	中加国际资产管理有限公司	中国香港	2017/1/10	建设银行
438	信安资产管理有限公司	马来西亚	2017/1/18	汇丰银行
439	国家第一养老金信托公司	澳大利亚	2017/1/18	汇丰银行
440	海通银行股份有限公司	葡萄牙	2017/2/13	花旗银行
441	范达投资有限公司	澳大利亚	2017/2/23	工商银行
442	兴证国际资产管理有限公司	中国香港	2017/6/19	兴业银行
443	申万宏源新加坡私人有限公司	新加坡	2017/7/27	中国银行
444	Acadian 资产管理有限责任公司	美国	2017/7/27	汇丰银行
445	山证国际资产管理有限公司	中国香港	2017/8/14	交通银行
446	新加坡联盟投资管理有限公司	新加坡	2017/8/18	汇丰银行
447	WisdomTree 资产管理	美国	2017/10/16	汇丰银行
448	荷兰汇盈资产管理公司	荷兰	2017/11/28	汇丰银行

续表

序号	中文名称	注册地	批准日期	主托管行
449	海克利尔国际投资有限责任公司	英国	2018/1/8	汇丰银行
450	美国桥水投资公司	美国	2018/5/25	汇丰银行
451	道富环球投资爱尔兰有限公司	爱尔兰	2018/5/31	汇丰银行
452	道富环球投资信托公司	美国	2018/5/31	汇丰银行
453	道富环球投资资产管理有限公司	美国	2018/5/31	汇丰银行
454	道富环球投资有限公司	英国	2018/5/31	汇丰银行
455	富善国际资产管理（香港）有限公司	中国香港	2018/7/16	建设银行
456	WisdomTree 管理有限公司	爱尔兰	2018/8/15	汇丰银行
457	中泰国际资产管理有限公司	中国香港	2018/8/15	中国银行
458	耀之国际资产管理有限公司	中国香港	2018/9/6	工商银行
459	三井住友银行股份有限公司	日本	2018/9/30	汇丰银行
460	银华国际资本管理公司	中国香港	2018/10/8	建设银行
461	中国人保香港资产管理有限公司	中国香港	2018/10/12	建设银行
462	中邮国际（英国）有限公司	中国香港	2018/10/23	中国银行
463	瑞士嘉盛银行有限公司	瑞士	2018/11/20	建设银行
464	东吴中新资产管理（亚洲）有限公司	新加坡	2018/12/3	中国银行
465	雪湖资本（香港）有限公司	中国香港	2018/12/14	汇丰银行
466	富达管理及研究公司有限责任公司	美国	2018/12/18	汇丰银行
467	盘谷资产管理有限公司	泰国	2019/2/15	中国银行
468	柏瑞投资爱尔兰有限公司	爱尔兰	2019/2/26	汇丰银行
469	思达资本（香港）有限公司	中国香港	2019/2/27	星展银行
470	国际货币基金组织		2019/3/5	工商银行
471	野村新加坡有限公司	新加坡	2019/3/12	汇丰银行
472	乐瑞资产管理（香港）有限公司	中国香港	2019/4/17	工商银行
473	时和资产管理有限公司	中国香港	2019/4/17	工商银行
474	三菱日联银行股份有限公司	日本	2019/4/23	中国银行
475	新分享资产管理有限公司	中国香港	2019/4/28	工商银行
476	国际金融公司		2019/7/1	花旗银行
477	泰京资产管理股份有限公司	泰国	2019/7/3	中国银行
478	中信资本投资管理有限公司	中国香港	2019/7/17	工商银行

续表

序号	中文名称	注册地	批准日期	主托管行
479	方正资产管理（香港）有限公司	中国香港	2019/8/19	建设银行
480	新永安国际资产管理有限公司	中国香港	2019/8/22	建设银行
481	马歇尔·伟世有限责任公司	英国	2019/8/22	汇丰银行
482	熵一资产管理有限公司	中国香港	2019/11/8	星展银行
483	思佰益资产管理株式会社	日本	2019/11/14	民生银行
484	同方证券有限公司	中国香港	2019/11/26	交通银行
485	范德堡大学	美国	2019/11/26	汇丰银行
486	高都管理有限责任公司	美国	2019/12/17	汇丰银行
487	复星恒利证券有限公司	中国香港	2019/12/31	交通银行
488	喜马拉雅资本管理公司	美国	2020/2/12	建设银行
489	易亚阿尔法投资管理有限公司	中国香港	2020/2/25	德意志银行
490	绿洲管理（香港）	中国香港	2020/3/25	德意志银行
491	金涌资本管理有限公司	中国香港	2020/4/1	建设银行
492	Join Asset 国际资产运用株式会社	韩国	2020/4/1	建设银行
493	三井住友信托资产管理股份有限公司	日本	2020/4/1	花旗银行
494	华德国际资产管理有限公司	中国香港	2020/4/7	招商银行
495	基斯克威尔资产管理公司	美国	2020/4/13	汇丰银行
496	WT 资产管理有限公司	中国香港	2020/5/7	建设银行
497	Baillie Gifford Overseas Limited	英国	2020/5/11	汇丰银行
498	首域投资（香港）有限公司	中国香港	2020/5/13	花旗银行
499	亚升资本私人有限公司	新加坡	2020/5/13	渣打银行
500	C.M. 资本顾问公司	美国	2020/5/13	建设银行
501	建行证券有限公司	中国香港	2020/6/2	交通银行
502	简街香港有限公司	中国香港	2020/6/2	建设银行
503	九天管理（香港）有限公司	中国香港	2020/8/13	建设银行
504	浦银国际投资管理有限公司	中国香港	2020/8/27	花旗银行
505	AHL 有限责任合伙	英国	2020/8/27	汇丰银行
506	格盛投资管理有限责任公司	美国	2020/8/27	汇丰银行
507	普信国际	英国	2020/9/7	汇丰银行
508	晋达北美公司	美国	2020/9/10	汇丰银行

续表

序号	中文名称	注册地	批准日期	主托管行
509	弘业国际资产管理有限公司	中国香港	2020/9/27	建设银行
510	立方科研资产管理有限公司	英国	2020/9/28	花旗银行
511	L&R 资本有限公司	中国香港	2020/10/10	渣打银行
512	琅润资本管理有限公司	美国	2020/10/10	花旗银行
513	元盛资产管理有限公司	英国	2020/10/15	中国银行
514	Harding Loevner 有限合伙	美国	2020/11/16	汇丰银行
515	瑞达国际资产管理（香港）有限公司	中国香港	2020/11/16	星展银行
516	昊青咨询管理有限公司	中国香港	2020/11/16	德意志银行
517	LAV 环球管理有限公司	开曼群岛	2020/11/16	建设银行
518	三星风险投资株式会社	韩国	2020/11/16	建设银行
519	澳帝桦澳大利亚有限公司	澳大利亚	2020/11/16	建设银行
520	克而瑞证券有限公司	中国香港	2020/11/16	建设银行
521	开域资本（新加坡）有限公司	新加坡	2020/11/16	建设银行
522	博裕资本投资管理有限公司	中国香港	2020/11/16	花旗银行
523	Artisan Partners 有限合伙	美国	2020/11/16	汇丰银行
524	西北投资管理（香港）有限公司	中国香港	2020/11/16	花旗银行
525	璞林资本（香港）有限公司	中国香港	2020/11/16	汇丰银行
526	布洛德峰投资顾问有限公司	新加坡	2020/11/16	花旗银行
527	金信期盈证券（香港）有限公司	中国香港	2020/11/17	招商银行
528	联威投资有限公司	中国香港	2020/11/17	招商银行
529	瑞士经纬投资有限公司	中国香港	2020/11/17	星展银行
530	嘉谟证券有限公司	中国香港	2020/11/23	建设银行
531	瑞明资本有限公司	中国香港	2020/11/23	星展银行
532	智睿投资顾问有限公司	中国香港	2020/11/25	星展银行
533	未来资产证券（香港）有限公司	中国香港	2020/12/3	中国银行
534	中国银行（新西兰）有限公司	新西兰	2020/12/3	工商银行
535	民银资产管理有限公司	中国香港	2020/12/7	招商银行
536	美国华平有限公司	美国	2020/12/7	花旗银行
537	平证资产管理（香港）有限公司	中国香港	2020/12/7	工商银行
538	维世资产管理（香港）有限公司	中国香港	2020/12/10	星展银行

续表

序号	中文名称	注册地	批准日期	主托管行
539	巨柏资产管理（香港）有限公司	中国香港	2020/12/15	星展银行
540	雅典娜私人有限公司	新加坡	2020/12/15	星展银行
541	建信资产管理（香港）有限公司	中国香港	2020/12/15	招商银行
542	中信信惠国际资本（香港）有限公司	中国香港	2020/12/15	建设银行
543	德弘美元基金管理公司	开曼群岛	2020/12/14	花旗银行
544	彬元资本有限公司	中国香港	2020/12/14	德意志银行
545	中欧基金国际有限公司	中国香港	2020/12/14	建设银行
546	凯雷毛里求斯 CIS 投资管理公司	毛里求斯	2020/12/14	花旗银行
547	BFAM 合伙（香港）有限公司	中国香港	2020/12/14	汇丰银行
548	幻方资本管理（香港）有限公司	中国香港	2020/12/14	建设银行
549	红杉资本投资管理有限公司	开曼群岛	2020/12/14	建设银行
550	伟华电子有限公司	中国香港	2020/12/14	建设银行
551	约克资本管理亚洲（香港）咨询有限公司	中国香港	2020/12/14	汇丰银行
552	Systematica 投资有限公司	泽西岛	2020/12/14	汇丰银行
553	太盟亚洲资本有限公司	开曼群岛	2020/12/14	花旗银行
554	华乐资本有限公司	中国香港	2020/12/14	汇丰银行
555	淘金者证券（香港）有限公司	中国香港	2020/12/14	工商银行
556	美国金瑞基金管理有限公司	美国	2020/12/14	汇丰银行
557	隆奥资产管理（欧洲）有限公司	英国	2020/12/25	汇丰银行
558	高谛安资本新加坡私人有限公司	新加坡	2020/12/25	工商银行

附表6　　　　合格境外投资者托管行一览表

序号	合格境外投资者托管行中文名称
1	汇丰银行（中国）有限公司
2	花旗银行（中国）有限公司
3	渣打银行（中国）有限公司
4	中国工商银行股份有限公司
5	中国银行股份有限公司
6	中国农业银行股份有限公司
7	交通银行股份有限公司
8	中国建设银行股份有限公司
9	中国光大银行股份有限公司
10	中国招商银行股份有限公司
11	德意志银行（中国）有限公司
12	星展银行（中国）有限公司
13	中国中信银行股份有限公司
14	上海浦东发展银行股份有限公司
15	中国民生银行股份有限公司
16	三菱东京日联银行（中国）有限公司
17	兴业银行股份有限公司
18	平安银行股份有限公司
19	华夏银行股份有限公司

附表7　　境外证券类机构驻华代表处一览表

序号	境外机构名称	代表处地点
1	德国商业银行股份有限公司（证券业务）北京代表处	北京
2	法国巴黎资本（亚洲）有限公司北京代表处	北京
3	高盛（中国）有限责任公司北京代表处	北京
4	韩国三星证券公司北京代表处	北京
5	韩国投资证券株式会社北京代表处	北京
6	韩国未来资产大宇股份有限公司北京代表处	北京
7	花旗环球金融中国有限公司北京代表处	北京
8	交银国际控股有限公司北京代表处	北京
9	京华山一国际（香港）有限公司北京代表处	北京
10	美国富瑞金融集团北京代表处	北京
11	美国科本资本市场公司北京代表处	北京
12	美林国际有限公司北京代表处	北京
13	蒙特利尔银行利时证券公司北京代表处	北京
14	日本大和证券株式会社北京代表处	北京
15	日本摩乃科斯证券股份有限公司 北京代表处	北京
16	日本瑞穗证券股份有限公司北京代表处	北京
17	日本三井住友信托银行股份有限公司（证券业务）北京代表处	北京
18	日本野村证券株式会社北京代表处	北京
19	瑞士信贷（香港）有限公司北京代表处	北京
20	三菱日联证券控股股份有限公司北京代表处	北京
21	台湾元大证券股份有限公司北京代表处	北京
22	香港第一上海融资有限公司北京代表处	北京
23	香港摩根大通证券（亚太）有限公司北京代表处	北京
24	香港上海汇丰银行有限公司（证券业务）北京代表处	北京
25	中银国际控股有限公司北京代表处	北京
26	德意志银行股份有限公司（证券业务）北京代表处	北京
27	摩根士丹利亚洲有限公司北京代表处	北京
28	香港致富证券有限公司北京代表处	北京

续表

序号	境外机构名称	代表处地点
29	日本盛华日兴证券株式会社北京代表处	北京
30	宏富投资管理有限公司北京代表处	北京
31	邓普顿国际股份有限公司北京代表处	北京
32	信安环球投资有限公司北京代表处	北京
33	香港摩根资产管理（亚太）有限公司北京代表处	北京
34	富达基金（香港）有限公司北京代表处	北京
35	法国法盛投资管理公司北京代表处	北京
36	新加坡摩根士丹利投资管理公司北京代表处	北京
37	领航投资香港有限公司北京代表处	北京
38	加拿大迈凯希金融公司北京代表处	北京
39	野村证券株式会社上海代表处	上海
40	法国巴黎资本（亚洲）有限公司上海代表处	上海
41	美国美林国际有限公司上海代表处	上海
42	中信里昂证券有限公司上海代表处	上海
43	高盛（中国）有限责任公司上海代表处	上海
44	韩国农协投资证券公司上海代表处	上海
45	群益国际控股有限公司上海代表处	上海
46	韩国国民证券公司上海代表处	上海
47	新鸿基投资服务有限公司上海代表处	上海
48	星展唯高达香港有限公司上海代表处	上海
49	永丰金证券（亚洲）有限公司上海代表处	上海
50	日盛嘉富证券国际有限公司上海代表处	上海
51	凯基证券亚洲有限公司上海代表处	上海
52	海通国际证券有限公司上海代表处	上海
53	香港上海汇丰银行有限公司（证券业务）上海代表处	上海
54	内藤证券公司上海代表处	上海
55	法国兴业证券（香港）有限公司上海代表处	上海
56	香港摩根大通证券（亚太）有限公司上海代表处	上海
57	台湾元大证券股份有限公司上海代表处	上海
58	香港大和投资管理（香港）有限公司上海代表处	上海
59	瑞士信贷（香港）有限公司上海代表处	上海

续表

序号	境外机构名称	代表处地点
60	日本瑞穗证券股份有限公司上海代表处	上海
61	日本三井住友德思资产管理股份有限公司上海代表处	上海
62	冈三证券股份有限公司上海代表处	上海
63	麦格理证券（澳大利亚）股份有限公司上海代表处	上海
64	致富证券有限公司上海代表处	上海
65	东洋证券股份有限公司上海代表处	上海
66	韩国新韩金融投资股份有限公司上海代表处	上海
67	蓝泽证券股份有限公司上海代表处	上海
68	韩国爱思开证券股份有限公司上海代表处	上海
69	华南永昌综合证券股份有限公司上海代表处	上海
70	韩国未来资产大宇股份有限公司上海代表处	上海
71	韩国投资信托运用株式会社上海代表处	上海
72	坤信国际证券有限公司上海代表处	上海
73	富兰克林华美证券投资信托股份有限公司上海代表处	上海
74	马来西亚城市信贷投资银行有限公司上海代表处	上海
75	香港新鸿基投资服务有限公司深圳代表处	深圳
76	香港致富证券有限公司深圳代表处	深圳
77	香港中信里昂证券有限公司深圳代表处	深圳
78	凯基证券亚洲有限公司深圳代表处	深圳
79	元大证券（香港）有限公司深圳代表处	深圳
80	香港中国泛海证券有限公司沈阳代表处	沈阳
81	台湾统一综合证券股份有限公司厦门代表处	厦门

附表8　　境外交易所设立驻华代表处一览表

序号	境外交易所名称	批准时间
1	香港交易及结算所有限公司北京代表处	2003 年 11 月
2	美国纽约证券交易所有限责任公司北京代表处	2007 年 9 月
3	美国纳斯达克股票市场有限责任公司北京代表处	2007 年 9 月
4	日本东京证券交易所株式会社北京代表处	2007 年 10 月
5	韩国交易所北京代表处	2007 年 11 月
6	新加坡交易所有限公司北京代表处	2007 年 11 月
7	伦敦证券交易所有限责任公司北京代表处	2008 年 1 月
8	德国德意志交易所股份有限公司北京代表处	2008 年 9 月
9	巴西证券期货交易所股份有限公司	2013 年 3 月

附表9

双边监管合作谅解备忘录一览表

序号	国家/地区（以英文首字母排序）	境外监管机构名称	签署时间	合作文件名称	备注
1	阿布扎比	阿布扎比全球市场金融服务监管局	2016/7/14	证券期货监管合作谅解备忘录	
2	阿根廷	阿根廷国家证券委员会	2006/9/20	证券期货监管合作谅解备忘录	
3	澳大利亚	澳大利亚证券委员会	1996/5/23	证券期货监管合作谅解备忘录	
4	奥地利	奥地利金融市场管理局	2008/10/30	证券期货监管合作谅解备忘录	
5	阿塞拜疆	阿塞拜疆国家证券委员会	2015/5/19	证券期货监管合作谅解备忘录	
6	白俄罗斯	白俄罗斯共和国财政部	2014/1/20	证券期货监管合作谅解备忘录	
7	比利时	比利时银行及金融委员会	2002/11/26	证券期货监管合作谅解备忘录	
8	巴西	巴西证券委员会	1997/11/13	证券期货监管合作谅解备忘录	
9	文莱	文莱金融管理局	2014/2/17	证券期货监管合作谅解备忘录	
10	柬埔寨	柬埔寨证券交易委员会	2019/6/21	证券期货监管合作谅解备忘录	
11	加拿大	加拿大证监机构初始参与成员	2003/3/21	证券期货监管合作谅解备忘录	
12	开曼群岛	开曼群岛金融管理局	2018/11/5	证券期货监管合作谅解备忘录	
13	智利	智利证券和保险监督局	2017/5/13	证券监管合作谅解备忘录	
14	塞浦路斯	塞浦路斯证券交易委员会	2012/5/17	证券期货监管合作谅解备忘录	
15	迪拜	迪拜金融服务局	2008/9/27	证券期货监管合作谅解备忘录	
16	埃及	埃及资本市场委员会	2000/6/22	证券期货监管合作谅解备忘录	

续表

序号	国家/地区（以英文首字母排序）	境外监管机构名称	签署时间	合作文件名称	备注
17	法国	法国证券委员会	1998/3/4	证券期货监管合作谅解备忘录	
		法国金融市场委员会（现译为法国金融市场管理局）	2006/12/7	中国证监会与法国金融市场委员会关于相互合作的函	
		法国金融市场管理局	2018/12/7	法国金融市场管理局与中国证券监督管理委员会关于相互合作的函	
		法国金融市场管理局	2019/3/25	关于金融领域创新合作之谅解备忘录	
18	德国	德国联邦金融监管局	2019/1/18	证券期货监管合作谅解备忘录	取代1998年10月8日中国证券监管委员会与德国联邦证券监管委员会《证券监管合作谅解备忘录》
			2019/3/18	关于期货监管合作与信息交换的谅解备忘录附函	
19	直布罗陀	直布罗陀金融服务委员会	2020/12/22	证券期货监管合作谅解备忘录	
20	希腊	希腊资本市场委员会	2017/8/31	证券期货及其他投资产品监管合作谅解备忘录	
21	耿西岛	耿西岛金融服务委员会	2013/11/18	证券期货监管合作谅解备忘录	
22	中国香港特别行政区	香港证券及期货事务监察委员会	1993/6/19	监管合作备忘录	
			1995/7/4	有关期货事宜的监管合作备忘录	
			2016/11/3	内地与香港股票市场交易互联互通机制下中国证监会与香港证监会加强监管执法合作备忘录	
			2017/12/29	关于期货事宜的监管及执法合作备忘录	

续表

序号	国家/地区（以英文首字母排序）	境外监管机构名称	签署时间	合作文件名称	备注
23	印度	印度证券及交易委员会	2006/9/15	证券期货监管合作谅解备忘录	
		印度远期市场委员会*	2006/11/21	商品期货监管合作谅解备忘录	2015年9月，印度远期市场委员会（FMC）与印度证券交易委员会（SEBI）合并，FMC与中国证监会签署的商品期货监管合作谅解备忘录由SEBI继承
24	印度尼西亚	印度尼西亚资本市场监管委员会	2003/12/9	关于相互协助和信息交流的谅解备忘录	
		印度尼西亚商品期货交易监管局	2004/10/14	期货监管合作谅解备忘录	
25	伊朗	伊朗证券和交易组织	2018/6/10	证券期货及其他投资资产品监管合作谅解备忘录	
26	爱尔兰	爱尔兰金融服务监管局	2008/10/23	证券期货监管合作谅解备忘录	
27	马恩岛	马恩岛金融监督管理委员会	2014/6/9	证券期货监管合作谅解备忘录	
28	以色列	以色列证券监管局	2011/3/29	证券期货监管合作谅解备忘录	
29	意大利	意大利国家证券监管委员会	1999/11/3	证券期货监管合作谅解备忘录	
		日本大藏省	1997/3/18	谅解备忘录	
30	日本	日本金融厅	2018/10/26	关于促进两国证券市场合作的谅解备忘录	
31	泽西岛	泽西岛金融服务委员会	2014/4/9	证券期货监管合作谅解备忘录	
32	约旦	约旦证券委员会	2006/9/20	证券期货监管合作谅解备忘录	

续表

序号	国家/地区（以英文首字母排序）	境外监管机构名称	签署时间	合作文件名称	备注
33	哈萨克斯坦	哈萨克斯坦国家银行	2015/5/13	证券期货监管合作谅解备忘录	
		阿斯塔纳金融服务管理局	2018/2/9	证券期货监管合作谅解备忘录	
34	韩国	韩国金融服务委员会韩国金融监督院	2018/5/28	证券期货监管合作谅解备忘录	取代2001年6月19日中国证监会与韩国金融监督委员会签署的《证券期货监管合作安排》
35	科威特	科威特股票交易所委员会	2010/5/5	证券期货监管合作谅解备忘录	
36	老挝	老挝证券交易委员会	2011/9/19	证券期货监管合作谅解备忘录	
37	列支敦士登	列支敦士登金融管理局	2008/1/15	证券期货监管合作谅解备忘录	
38	立陶宛	立陶宛银行	2013/9/13	证券期货监管合作谅解备忘录	
39	卢森堡	卢森堡金融监管委员会	2012/5/17	证券期货监管合作谅解备忘录	取代1998年5月18日中国证券监督管理委员会签署的《证券监管合作谅解备忘录》
40	澳门特别行政区	澳门金融管理局	2020/6/30	合作备忘录	
41	马来西亚	马来西亚证券委员会	1997/4/18	证券期货监管合作谅解备忘录	
42	马耳他	马耳他金融服务局	2010/1/26	证券期货监管合作谅解备忘录	
43	蒙古	蒙古金融监督管理委员会	2008/1/24	证券期货监管合作谅解备忘录	
44	荷兰	荷兰金融市场委员会	2002/11/1	证券期货监管合作谅解备忘录	
45	新西兰	新西兰证券委员会	2004/2/20	证券期货监管合作谅解备忘录	
46	尼日利亚	尼日利亚证券交易委员会	2005/6/14	证券期货监管合作谅解备忘录	
47	挪威	挪威金融监管委员会	2006/9/26	证券期货监管合作谅解备忘录	
48	巴基斯坦	巴基斯坦证券交易委员会	2010/12/17	证券期货监管合作谅解备忘录	

续表

序号	国家/地区（以英文首字母排序）	境外监管机构名称	签署时间	合作文件名称	备注
49	波兰	波兰金融监督管理局	2015/3/23	证券期货监管合作谅解备忘录	
50	葡萄牙	葡萄牙证券市场委员会	2004/10/26	证券期货监管合作谅解备忘录	
51	卡塔尔	卡塔尔金融市场管理局	2011/4/7	证券期货监管合作谅解备忘录	
52	罗马尼亚	罗马尼亚国家证券委员会	2002/6/27	证券期货监管合作谅解备忘录	
53	俄罗斯	俄罗斯中央银行	2016/6/25	证券期货监管合作谅解备忘录	取代2008年8月8日中国证监会与俄罗斯联邦金融市场监督总局签署的《证券期货监管合作谅解备忘录》
54	新加坡	新加坡金融管理局	1995/11/30	关于监管证券和期货活动的相关合作与信息互换的备忘录	
			2018/11/12	关于期货监管合作与信息交换的谅解备忘录	
55	南非	南非金融服务委员会	2002/10/29	证券期货监管合作谅解备忘录	
56	西班牙	西班牙国家证券市场委员会	2009/10/6	证券期货监管合作谅解备忘录	
57	瑞典	瑞典金融监督局	2012/4/24	证券期货监管合作谅解备忘录	
58	瑞士	瑞士联邦银行委员会	2003/5/22	证券期货监管合作谅解备忘录	
59	中国台湾地区	台湾地区金融监督管理机构	2009/11/6	海峡两岸证券及期货监管管理合作谅解备忘录	
60	泰国	泰国证券交易委员会	2007/4/11	证券期货监管合作谅解备忘录	
61	土耳其	土耳其资本市场委员会	2006/11/10	证券期货监管合作谅解备忘录	
62	阿联酋	阿联酋证券商品委员会	2006/12/6	证券期货监管合作谅解备忘录	

续表

序号	国家/地区（以英文首字母排序）	境外监管机构名称	签署时间	合作文件名称	备注
63	英国	英国财政部、英国证券与投资委员会	1996/10/7	证券期货监管合作谅解备忘录	
		英国金融行为监管局	2018/10/17	上海与伦敦证券市场互联互通机制监管合作谅解备忘录	
64	美国	美国证券及交易委员会	1994/4/28	关于合作、磋商及技术协助的谅解备忘录	
		美国商品期货交易委员会	2002/1/18	期货监管合作谅解备忘录	
		美国证券及交易委员会	2006/5/2	中国证券监督管理委员会与美国证券交易委员会合作条款	
65	乌克兰	乌克兰国家证券和股市委员会	2013/8/30	证券期货监管合作谅解备忘录	取代1997年12月22日中国证监会与乌克兰证券与股市委员会签署的《证券监管合作谅解备忘录》
66	越南	越南证券委员会	2005/6/27	证券期货监管合作谅解备忘录	

后记

在《中国证券监督管理委员会年报（2020）》的编写过程中，我们得到了各部门和系统内各单位的大力支持，在此表示衷心感谢，并特别感谢以下人员对此项工作的贡献：

年报编写组（按姓氏笔画排序）

马千里	王宇婷	王景辉	王 霞	毕吾辛	刘原辰	刘湘苡	安 杰	许国新
孙玉奎	克迪丽亚·艾赛提		李云帆	李东平	李克坚	李思明	李翊乔	李 博
肖茗予	张望军	罗 丹	周 翔	赵振明	星 焱	姜若楠	姚 远	聂元磊
桂荭鑫	高 玥	高苗苗	陶超仁	梁泽霖	鲁威朝			

在年报的设计出版过程中，中国财政经济出版社等机构提供了协助，在此表示衷心感谢。

由于年报编写设计时间有限，书中难免有疏漏之处，欢迎提出宝贵意见。相关意见建议请发电子邮件至 contact@cifcm.cn，我们将及时予以反馈。

中证金融研究院

2021年5月

中国证券监督管理委员会

热线电话：12386

信访电话：010-66210182
　　　　　010-66210166

网　　址：www.csrc.gov.cn

地　　址：中国北京西城区金融大街19号富凯大厦（100033）

微　　博：人民网：http://t.people.com.cn/csrcfabu
　　　　　新浪网：http://weibo.com/csrcfabu

微信公共号：证监会发布